from James
Spiritual Messages to Happiness and Success

ジェームズ・アレンの霊言

幸福と成功について

Allen

大川隆法
Ryuho Okawa

本霊言は、2014年3月25日、幸福の科学 総合本部にて、
公開収録された(写真上・下)。

ジェームズ・アレンの霊言
幸福と成功について

Spiritual Messages to
Happiness and Success
from James Allen

Preface

His words had a profound effect on me.

It came from the sound of silence.

It was an indistinct voice from the universe.

Now, here, he is. James Allen. My good old friend.

He has no body. He is the words.

He really is a holy voice.

He said "Now is the day of daylight of God."

And "So, now is your time to work."

Read these words again and again.

Picture Buddha and Jesus to yourself.

And visualize your Grand Master.

Nov. 21, 2017

Founder & CEO of Happy Science Group

Ryuho Okawa

はじめに

彼の言葉に接し、私は深遠なる影響をうけた。

「沈黙の声」を聞いたと思ったのだ。

それは、宇宙からのかすかな声でもあったろうか。

ナウ、ヒア、ヒーイズ。ジェームズ・アレンだ。わが懐かしき友よ。

彼にはもはや肉体すらない。彼は言葉のかたまりにすぎない。

本当に彼は聖なる声でしか自分を現わせない。

彼は言う。「今は日が高く、『神の光』が射している」と。

「ゆえに今こそ、あなたがたが行動するときなのだ」と。

こうした言葉の林の中を渉猟してみよう。

仏陀やイエスのことを心に思い浮かべよう。

そのうちに、あなたがたのグランド・マスターの横顔がうっすらと見えてくるだろう。

2017 年 11 月 21 日

幸福の科学グループ創始者兼総裁

大川隆法

Contents

Preface 2

1 Thoughts of Allen that Inspired Many Successful

   Thought-Makers 14

2 Real Prosperity Lies in Your Mind 20

3 To Be Pure in Your Mind 26

4 What is Important is the Foundation, Not Conditions 32

5 Where Does Your Explanation of the Soul Come From? 38

6 What is Eternal Life and Where is the Proof? 46

7 Find Your Thinking Power and Use Your Willpower 58

8 Only One Percent of People Can Understand the Original

   Thinking Method of Self-Realization 64

9 Meditation: the Only Way to Inner Happiness and to the

   World of God 68

10 The Way to Reconcile Wealth with Happiness 74

11 Allen, One of the Tools of God, Became the Origin of

    New Thought 82

目　次

はじめに 3

1　数多くの成功哲学家を感化したアレンの思想 15

2　ほんとうの繁栄は「心のなか」にある 21

3　心が清らかであること 27

4　大切なのは成功の「条件」ではなく「基礎」................ 33

5　「魂」について、その説明の根拠は？ 39

6　「永遠の生命」とは何か、その証明は？ 47

7　あなたの「考える力」を発見し、
　　「意志の力」を用いよ 59

8　わずか1パーセントの人だけが知る本来の
　　「自己実現の考え方」 65

9　瞑想 ──「内的幸福」「神の世界」に至る
　　唯一の方法 69

10　「富」と「幸福」を調和させる道 75

11　〝神の道具〟の一人として、
　　ニュー・ソートの発信源となった 83

12 The Paradox and Evil in Marx and Henry VIII 92

13 Why is it Difficult to Practice Faith and Missionary Work? 102

14 Allen's Past Life 106

15 Walk When the Light is Shining 116

16 Keep Purity of Mind and Selflessness as You Prosper and

   Progress 122

17 After the Spiritual Interview 128

* This spiritual interview was conducted in English. The Japanese text is a translation added by the Happy Science International Editorial Division.

12 マルクスとヘンリー8世、
その逆説と邪悪性について ……………………… 93

13 信仰と伝道は、なぜ難しいのか ……………… 103

14 ジェームズ・アレンの過去世とは ……………… 107

15 光あるうちに、歩みを進めよ ……………………… 117

16 繁栄・発展のなかで、心の清らかさと無私を保て … 123

17 霊言を終えて ……………………………………… 129

※本書は、英語で収録された霊言に和訳を付けたものです。

This book is the transcript of spiritual messages given by James Allen.

These spiritual messages were channeled through Ryuho Okawa. However, please note that because of his high level of enlightenment, his way of receiving spiritual messages is fundamentally different from other psychic mediums who undergo trances and are completely taken over by the spirits they are channeling.

It should be noted that these spiritual messages are opinions of the individual spirits and may contradict the ideas or teachings of the Happy Science Group.

本書は、ジェームズ・アレンの霊言を収録したものである。

　「霊言現象」とは、あの世の霊存在の言葉を語り下ろす現象のことをいう。これは高度な悟りを開いた者に特有のものであり、「霊媒現象」（トランス状態になって意識を失い、霊が一方的にしゃべる現象）とは異なる。

　ただ、「霊言」は、あくまでも霊人の意見であり、幸福の科学グループとしての見解と矛盾する内容を含む場合がある点、付記しておきたい。

Spiritual Messages to Happiness and Success from James Allen

March 25, 2014 at Happy Science General Headquarters, Tokyo

ジェームズ・アレンの霊言
幸福と成功について

2014 年 3 月 25 日　東京都・幸福の科学総合本部にて

James Allen (1864-1912)

A British writer. At 15, he was forced to leave school after his father passed away, and later set off to study on his own as he worked. Enlightened by Tolstoy's works, Allen began his writing career at 38. He published *As a Man Thinketh* in 1903. He passed away at 48, after having produced a total of 19 works. *As a Man Thinketh*, his most famous book, had great influence on other self-help writers such as Dale Carnegie, Norman Vincent Peale and Napoleon Hill, and became the source of success philosophies in 20th century America. In Christian countries, the book is considered to be a longtime seller that comes second to the Bible. As a bible of self-help, it is still being read by people around the world.

Interviewers from Happy Science

Kazuhiro Ichikawa

Senior Managing Director
Chief Director of International Headquarters

Masashi Ishikawa

Deputy Chief Secretary, First Secretarial Division
Chief of Overseas Missionary Work Promotion Office
Religious Affairs Headquarters

Toshihisa Sakakibara

Executive Director
Director General of International Education and Training Division

※ Interviewers are listed in the order that they appear in the transcript.
The professional titles represent the position at the time of the interview.

ジェームズ・アレン（1864-1912）

イギリスの作家。15歳の時に父親を亡くしたため、学校を中退し、その後、働きながら独学で学ぶ。トルストイの著書に啓発され、38歳のとき執筆活動を開始し、1903年に『As a Man Thinketh』（邦題『「原因」と「結果」の法則』）を発表。48歳で亡くなるまでに19冊の本を遺した。代表作である同書は、デール・カーネギー、ノーマン・ビンセント・ピール、ナポレオン・ヒルなどの自己啓発作家たちに強い影響を及ぼし、20世紀アメリカの成功哲学の源流となった。キリスト教圏では『聖書』に次ぐロングセラーとも言われており、今なお、自己啓発のバイブルとして、世界中で読まれ続けている。

質問者（幸福の科学）

市川和博（専務理事 兼 国際本部長）

石川雅士（宗務本部第一秘書局担当局長 兼 海外伝道推進室長）

榊原俊尚（理事 兼 国際指導研修局長）

※質問順。役職は収録当時のもの。

1 Thoughts of Allen that Inspired Many Successful Thought-Makers

Ryuho Okawa   Today, we'd like to summon the famous James Allen, who lived about 100 years ago in England.

He inspired and influenced a lot of famous philosophers and successful thought-makers like Dale Carnegie, Norman Vincent Peale and Napoleon Hill. The feature of his thought is, he was very influenced by Buddhism, Christianity and other philosophies, and it sounded very original in Great Britain.

In Japan, his books have been published in these 20 years. It might be from the influence of Happy Science or my spiritual books. He wrote 19 books by the time he died at 48. He was born in 1864 and passed away in 1912, almost 100 years ago. His activity was very small, but his influence is becoming greater and greater.

And now, I'm thinking that our Happy Science

1 数多くの成功哲学家を感化した
　アレンの思想

大川隆法　今日は、有名なジェームズ・アレンを呼んでみたいと思います。約100年前のイギリスに生きていた人です。

　この人は、多くの有名な哲学者や、デール・カーネギー、ノーマン・ビンセント・ピール、ナポレオン・ヒルなど成功哲学の思想家たちに影響を与えています。思想の特色としては、仏教やキリスト教や、その他の哲学から大きな影響を受けており、その点で、英国にあっては非常に独特だったようです。

　日本でもアレンの本は、ここ20年ほど出ています。これは、幸福の科学や私のスピリチュアルな著書の影響もあるのかもしれません。この人は48歳で亡くなるまでに、本を19冊書いています。1864年生まれで1912年に亡くなっていますので、ほぼ100年前の人になります。彼の活動は非常に限られたものでしたが、影響力は増し続けています。

　そして現在、私たち幸福の科学の思想は、ジェームズ・

1 Thoughts of Allen that Inspired Many Successful Thought-Makers

philosophy will again prevail in Great Britain by dint of influence of James Allen. A lot of his thoughts were translated into Japanese and almost all of them were very similar to my philosophy of thinking, the power to control the mind and the way to remake life by thinking power. We can find a lot of similarities between James Allen's books and my books.

So, today, we have three great [*laughs*] English users and I guess they will succeed in approaching his philosophy. But he died 100 years ago in England, so his English might sometimes sound "dead." Nowadays we cannot understand such kind of English. And if he can understand your (Ishikawa's) fluent New York English and your (Sakakibara's) Filipino English*, I don't know exactly.

I'm afraid not, but OK. I can understand your Japanese, so please think in Japanese and I can translate it into his mind. And he can answer your question.

---

* Ishikawa and Sakakibara both have experience as Happy Science branch manager in New York and Philippines respectively.

アレンの影響力のおかげで、再び英国で広がることと思います。彼の思想は数多く日本語に翻訳されていますが、それらの大部分は、「心をコントロールする力」や、「考える力によって人生を再建する方法」など、私が説いている「思考の哲学」によく似ています。ジェームズ・アレンの本と私の本には多くの類似点を見いだすことができます。

　そこで今日は、優秀な（笑）英語の使い手を三人そろえましたので、彼の思想に上手に迫ってくれることと思います。ただ、イギリスで100年前に亡くなった人ですので、彼の英語は、「死語」に聞こえる場合があるかもしれません。現代の私たちには、その種の英語は理解できません。また、あなた（石川）の流暢なニューヨーク英語や、あなた（榊原）のフィリピン英語（注）が、彼に理解できるかどうか、定かではありません。

　その点が心配ではありますが、まあ大丈夫です。私はあなたたちの日本語が理解できますので、日本語で考えてくだされば、それを彼の心に通訳して伝えますので、彼はあ

（注）石川はニューヨーク、榊原はフィリピンで、幸福の科学の支部長を務めた経験がある。

OK? Then, we will try.

Good morning, famous James Allen.

Would you come down to

Happy Science General Headquarters?

I'll summon you.

Would you come down here

And give several messages and teachings

For the people who are seeking

Spiritual enlightenment?

I want to convey the Buddhist-like Truth

Through your words to English people

And English-speaking people.

So, would you kindly help us

Spread our Truth all over the world?

James Allen, would you come down here, please?

(*About 13 seconds of silence.*)

1　数多くの成功哲学家を感化したアレンの思想

なたたちの質問に答えることができます。よろしいですか。
では、やってみましょう。

　高名なるジェームズ・アレンよ、
　おはようございます。
　どうか、幸福の科学総合本部にご降臨ください。
　あなたをお呼びいたします。
　どうか、こちらに降りたまいて
　霊的な悟りを求めている者たちに
　メッセージや教えを与えたまえ。

　あなたの言葉を通して
　イギリスの人々や英語を話す人々に
　仏教的な真理をお伝えしたく思います。
　われらが真理を全世界に広めるために
　お力添えをいただければ幸いです。
　ジェームズ・アレンよ、どうか、ご降臨ください。

（約13秒間の沈黙）

19

2 Real Prosperity Lies in Your Mind

James Allen Ahh…

Kazuhiro Ichikawa Mr. James Allen?

Allen Hmm.

Ichikawa It's very much an honor to invite you here to Happy Science General Headquarters. We would like to ask you several questions about happiness and success. Is it OK to start interviewing you?

Allen Before that, could you kindly teach me the main points of your grand principles of Happy Science?

Ichikawa Actually… Yes. Our or Happy Science's main principle is the exploration of the Right Mind.

2 ほんとうの繁栄は「心のなか」にある

ジェームズ・アレン　ああ……。

市川和博　ジェームズ・アレン様でしょうか。

アレン　うん。

市川　ここ、幸福の科学総合本部にあなたをお迎えすることができ、大変光栄です。幸福と成功に関して、いくつか質問させていただきたく存じます。インタビューを始めてよろしいでしょうか。

アレン　その前に、よろしければ、あなたがた幸福の科学の壮大なる教義の要点を教えていただけますか。

市川　実は……はい。私たち幸福の科学の基本教義は「正しき心の探究」です。

2 Real Prosperity Lies in Your Mind

Allen Exploring the Right Mind, OK.

Ichikawa And the basic teachings are the same as those you taught in the world. It's like "good thoughts bear good fruit, bad thoughts bad fruit."

Allen Good, good. Good words. Yes.

Ichikawa It's what you said in your articles.

Allen Good. A good tree bears good fruits. Yes. That's right. That's all. Bye-bye! [*Audience laughs.*]

Ichikawa Those are the teachings you taught while you were on earth. Today, as you are in Heaven, certainly, so we would appreciate it if you could teach us further philosophy about happiness, success, prosperity and so on.

Allen OK. My recognition about happiness and

2 ほんとうの繁栄は「心のなか」にある

アレン　正しき心を探究する、なるほど。

市川　そして、基本的な教えは、あなたが現世で説かれていたことと同じです。「良い考えは良い実を結び、悪い考えは悪い実を結ぶ」というようなことです。

アレン　いいですね。いい言葉ですね。はい。

市川　あなたの文章のなかに出てくる言葉です。

アレン　結構。「良い木には、良い実が生る」。そう、その通り。以上です。さようなら！（会場笑）

市川　それらは、あなたが地上にいらしたときに説かれた教えです。現在は、間違いなく天上界にいらっしゃると思いますので、「幸福」や「成功」や「繁栄」などについて、さらなる思想をご教示いただければ、ありがたく存じます。

アレン　わかりました。「幸福」と「成功」に関する私の

success is a little different from your recognitions.

I think, in my day, we, European people were apt to think that the reality of happiness lay in the materialistic world and materialistic prosperity. This was because of industrial development; people were seeking for greater prosperity through a lot of affluent goods and the food, money and fame which could be obtained through activities in human lives.

But I had quite the opposite thinking to these because I, like Jesus Christ said, wanted to say that your real prosperity lies in your own heart or your own mind.

People misunderstood this Truth. People were seeking materialistic prosperity only. So, I fought against this phenomenon of the affluent society. This is the meaning of "the cause and effect of the mind" and the spiritual rule, which I taught a lot in my books. Is this almost the same as your teachings? Can you understand? Understand?

認識は、あなたがたの認識とは少し違うんですよ。

　思うに、私が生きていた頃は、われわれヨーロッパ人は、「幸福というものの実体は物質世界、物質的繁栄のなかにある」と考えがちだったわけです。産業が発達してきていましたのでね。人々は、豊富な商品や食べ物、お金や名声等、人間的生活の活動によって手に入れることのできるものを通して、さらなる繁栄を求めていたということです。

　けれども私の考え方は、それとは正反対でした。私はイエス・キリストが言われたように、「ほんとうの繁栄は、あなた自身のハートやマインドのなかにある」ということが言いたかったわけです。

　人々は、この真理を正しく理解できませんでした。物質的繁栄しか求めてなかったんですね。ですから私は、この「豊かな社会」という現象と戦ったんです。それが、私が本を通して何度も教えた、「心の原因・結果」の意味であり、霊的法則の意味なんです。あなたがたの教えと大体、同じでしょうか。おわかりですか。わかります？

Ichikawa OK. Thank you very much.

Allen Understand? You understand? Oh, really?

3 To Be Pure in Your Mind

Masashi Ishikawa In this world, both good and bad thoughts will eventually manifest, I think. But I think you emphasized the realization of selfless love. In your famous book, *As a Man Thinketh*…

Allen Thin*keth*. Thinketh.

Ishikawa Yes. Sorry [*laughs*]. "The universe does not favor the greedy, the dishonest, or the vicious although on the mere surface it may sometimes appear to do so; it helps the honest, the noble and the good."

市川　はい、ありがとうございます。

アレン　わかります？　わかりましたか。ほんとうですか。

3　心が清らかであること

石川雅士　この世においては、良い考えも悪しき考えも、やがては実現すると思います。けれども、あなたは「無私なる愛」の実現ということを強調されたと思います。あなたの有名な著書である『人、考える如く』（邦訳『「原因」と「結果」の法則』）のなかには……。

アレン　（石川の発音に対して）「Thin*keth*」（[θiŋkiθ]）です。「Thinketh」。

石川　はい、すみません（笑）。こう書かれています。「宇宙が、欲張りな人間や不正直者や悪人の味方をすることはない。表面上のみ、そう見えることはあるかもしれないが、宇宙は、正直者、気高い人間、善人に力を貸してくれるの

27

3 To Be Pure in Your Mind

So maybe we need to discern the good from the bad…

Allen *Ho*nest. Honest. It's pronounced *aw*-nest ([ɔ́nəst]) . OK?

Ishikawa Honest. I'm so sorry about my poor English. So, yes. Why did you emphasize selfless love or the importance of selfless love?

Allen It's just to *beautifly* [bjúːtɪflaɪ] your life. Could you understand the word, "beautifly"? Not butterfly, *beautifly*.

Ishikawa The beauty of our soul?

Allen Yes. To make your life more beautiful. To be beautiful is to be pure in your mind. People don't know the importance of purifying their own minds. Could you explain the importance of purity in your

である」。ですから、たぶん、善悪を見分ける必要が……。

アレン　「オネスト」です。オネスト。「オネスト」という発音ですからね。

石川　「オネスト」。英語が下手ですみません。それで、はい。なぜ、無私なる愛を、無私なる愛の大切さを強調されたのでしょうか。

アレン　それは、やはり人生を「美しからしめる」（ビューティフライ。アレンの造語か）ためですね。「ビューティフライ」という単語はわかりますか。「バタフライ」（蝶）ではなく「ビューティフライ」ですよ。

石川　魂の美しさのことでしょうか。

アレン　そう。人生を、より美しいものにすることです。美しいとは、心が清らかであることなんです。人は、自らの心を清めることの大切さが、わかってないんですよ。心の清らかさの大切さを説明してもらえますか。なぜですか。

3 To Be Pure in Your Mind

heart? Why? Why is it important for you or for other people to purify their minds? Why?

Ishikawa Maybe, I think, true success needs several conditions...

Allen Conditions.

Ishikawa ...and maybe one of them is "love"? Maybe true success needs to be based on love.

Allen Could you persuade modern people by your theory? Modern people seek love before success. Is that right?

Ishikawa That's because, I think, now many people do not believe in the other world but only in this material world. Yes.

For example, I think that maybe you are the source of self-help movement. Recently, the famous book,

なぜ、あなたも他の人も、心を清めることが大切なのでしょうか。なぜですか。

石川　真の成功には、いくつかの「条件」が必要ではないかと思います……。

アレン　条件ねえ。

石川　一つには、「愛」かもしれません。ほんとうの成功は、愛に基づいている必要があるのではないかと思います。

アレン　その理論で現代人を説得できますかねえ。「現代人は、成功よりも、まず愛を求める」。ほんとうですか。

石川　それは、今の人たちはあの世の存在を信じていなくて、この物質世界しか信じていないことが多いからだと思います。はい。

　たとえば、あなたはセルフ・ヘルプの流れの元になった方だと思います。最近では、ロンダ・バーンの『ザ・シー

The Secret by Rhonda Byrne became a worldwide bestseller and the law of attraction is well-known to modern people. But I think that the content is very superficial or shallow compared with your thoughts. I think that maybe your thoughts are based on true faith or…

Allen   That's bad. Bad book! It's a magician's book. It's a little different.

4   What is Important is the Foundation, Not Conditions

Ishikawa   I think that the mind is two-fold: we have surface consciousness and the subconscious. The subconscious can't discern good from bad, so automatically, our strong desires are realized.

But I think true self-realization needs some conditions because this world was created by God. If

クレット』という有名な本が世界的なベストセラーになっていまして、「引き寄せの法則」が現代人によく知られています。しかし、その内容はあなたの思想に比べると、非常に表面的で浅いと思います。あなたの思想は、本物の信仰に基づいているのではないかと思いますし……。

アレン　あれは良くない。良くない本です！　あれは魔術師の本ですから。やや違うものですね。

4　大切なのは　　成功の「条件」ではなく「基礎」

石川　心というものは二重になっていて、表面意識と潜在意識があると思います。潜在意識は善悪の区別がつきませんので、私たちの強い願望は自動的に実現されます。

　しかし、真の自己実現にはいくつかの「条件」が必要だと思います、なぜなら、この世界は神によって創造された

we deny God or deny faith, we can't persuade those materialistic people or non-religious people. In this world, sometimes religious people are not so successful and greedy people or people who have strong desires are likely to succeed. That's why sometimes we, believers, are defeated by these people, as even Jesus Christ was.

But we need to have strong faith and we need to persuade these people. So faith, love and invisible things are very important.

Allen   You said conditions, but I said selflessness. In my interpretation, my words must be "foundation" and not "condition." Foundation. Foundation of success. It's not the condition.

Condition sometimes means materialistic and earthly condition; "if you get a lot of money," "if you succeed in your promotion," "if you become famous in the world" or things like that are the conditions. But

4 大切なのは成功の「条件」ではなく「基礎」

からです。もし私たちが神を否定し、信仰を否定するなら、そういった唯物的な人や宗教を信じない人を説得することはできません。この世では、宗教的な人があまり成功せず、欲が深い人や強い願望を持った人が成功しやすいことがあります。ですから、私たち信仰者はそういう人に負けてしまうことがあります。イエス・キリストでさえも、そうでした。

しかし、私たちは信仰心を強く持ち、そういう人を説得する必要があります。ですから、信仰や愛や目に見えないものが、非常に大切です。

アレン　あなたは「条件」と言われたけれども、私が言っていたのは「無私」ということです。私の解釈では、私が述べたのは「基礎」でなければならないものであって、「条件」ではありません。基礎ですよ。成功の基礎であって、条件ではありません。

「条件」と言うと、物質的でこの世的な条件を意味する場合がありますのでね。「お金が儲かったら」とか、「昇進できたら」とか、「世間で有名になったら」などというのが「条件」ですけど、私の言う「成功」は、そういった意

my success doesn't mean something like that. I require love, of course, but it's a foundation, you know?

Its fundamental meaning…or, how should I say, it's earth itself. Earth means, in this meaning, the place where you seed your good causes. So, the problem is the foundation and not the conditions, I think. The foundation of your soul is very important and how you make your soul transparent and beautiful is essential.

There is no condition for that. Just think like how Jesus Christ thinks. Just think like how God thinks. Just think like how ancient prophets thought. Maybe the meaning of success and the meaning of happiness are quite different.

You are including the "flourish-ness" in this world. My success was very small and poor, so you don't regard my deeds as success or happiness. I died when I was 48 years old and I had little money. And when I was 15 years old, my father passed away. Am I successful or not, am I happy or not, if you think

味ではありません。「愛」は当然、必要だけれども、それ
は「基礎」なんですよ。

　それが根本的に意味するのは……なんと言うか、「アー
ス」そのものです。ここで言っている「アース（土壌）」とは、
「善き原因という種を蒔く場所」という意味です。ですから、
問題は「基礎」であって、「条件」ではないと思いますね。
魂の基礎がきわめて重要であり、魂をいかに透明で美しい
ものにするかが肝心なんです。

　そのためには、条件などありません。ただただ、イエス・
キリストが考えるように考えることです。ただただ、神が
お考えになるように、古代の預言者が考えたように考える
ことです。「成功」が意味するものと「幸福」が意味する
ものは、まったく別のものなのかもしれませんよ。

　あなたは、この世で「富み栄えること」も含めていますが、
私の成功は非常に小さく貧しいものでしたので、あなたか
ら見れば、私のしたことは成功でも幸福でもないでしょう。
私は48歳で死んで、お金もあまりなかったし、父は15歳
の時に亡くなりましたのでね。私は成功したのかどうか、
幸福なのかどうか。「条件」という観点から見れば、幸福

from the standpoint of conditions, I'm not happy and I'm not successful. But I think I'm happy and I'm successful.

5 Where Does Your Explanation of the Soul Come From?

Allen Can you understand what I want to say, Filipino?

[*Audience laughs.*]

Toshihisa Sakakibara Thank you. By your words, I think I really understood what you wanted to say. That makes a real difference between Rhonda Byrne's *The Secret* and your thoughts.

I found that there are religious backgrounds in your life course or your words. Could you tell us about your life course and religious background that

でも成功でもないでしょう。それでも私としては、「幸福
で成功した」と思っているんです。

5　「魂」について、その説明の根拠は？

アレン　私の言いたいことが、おわかりですか、フィリピ
ンのお方？

（会場笑）

榊原俊尚　ありがとうございます。お話を伺って、おっしゃ
りたかったことが実によくわかった気がします。ロンダ・
バーンの『ザ・シークレット』とあなたの思想は、実際、
そういう点が違うのだと思います。
　あなたが生きた人生や、あなたの言葉の奥には、宗教的
な背景があることがわかりました。あのような素晴らしい
本を生み出す元となった、あなたが歩まれた人生や宗教的

5 Where Does Your Explanation of the Soul Come From?

made you produce such a wonderful book?

Allen Before that, I dare ask you: could you explain the difference between heart, mind and soul?

Sakakibara OK. That's a difficult question.

Allen Not a difficult question. It's foundation.

Sakakibara OK. In Happy Science, we are learning about the heart, mind and soul.

Allen Are they the same?

Sakakibara Not the same. Not really the same. The soul is our nature that God created. Our essence is the nature of God.

Allen Nature of God? Hmm… Nature of God!? Please explain.

5 「魂」について、その説明の根拠は？

バックグラウンドについてお聞かせ願えますでしょうか。

アレン　その前に、あえてお尋ねしますが、「ハート」と「マインド」と「ソウル」の違いを説明していただけますか。

榊原　わかりました。難しい質問ですね。

アレン　難しいことはないでしょう。基本ですから。

榊原　はい。幸福の科学では、ハート（心情）、マインド（心的態度）、ソウル（魂）について学んでいます。

アレン　それらは同じものですか。

榊原　同じではありません。まったく同じものではありません。魂とは神が創られた私たちのネイチャー（本性、本質、性質）です。私たちの本質は神の性質です。

アレン　神の性質？　ほう……「神の性質」ですか⁉　説明してください。

41

5 Where Does Your Explanation of the Soul Come From?

Sakakibara Our nature comes from God.

Allen Oh, you are God? Ohh.

Sakakibara We are parts of God.

Allen Parts of God!? Ohh. What kind of God?

Sakakibara We are children of God. Small, small ...cells.

Allen Fragments, you mean?

Sakakibara Sorry? ...Ah, yes. Just a cell, small cells of God. But we are very confident of that.

Allen Why?

5　「魂」について、その説明の根拠は？

榊原　私たちの性質は、神から来ています。

アレン　ああ、あなたは神なんですか。おお。

榊原　私たちは〝神の一部〟です。

アレン　神の一部⁉ ほーう。どんな神ですか。

榊原　私たちは神の子です。小さな小さな……〝細胞〟と
言うべきでしょうか。

アレン　「断片」ということですか。

榊原　はい？……ああ、そうです。細胞に過ぎません。神
の小さな細胞たちです。しかし、私たちは、そのことに大
いに自信を持っています。

アレン　なぜですか。

43

5 Where Does Your Explanation of the Soul Come From?

Sakakibara Because we have the same nature that God has.

Allen No. Why?

Sakakibara I don't know exactly, but…

Allen Oh, you don't know!? Ohh.

Sakakibara God created us like that.

Allen I can't believe that. Reality is the problem.

Sakakibara Reality? What do you mean by that?

Allen Where does your reality come from? The source of your reality or confidence. Why can you say it? Is it just knowledge? Information? Is it written in books? Things like that?

5 「魂」について、その説明の根拠は？

榊原　私たちには、神と同じ性質が備わっているからです。

アレン　いや、なぜですか。

榊原　正確にはわかりませんが……。

アレン　わからない⁉ なんと。

榊原　神がそのように創られたのです。

アレン　信じられませんね。「リアリティー」（現実性）が
問題です。

榊原　リアリティー？ どういう意味でしょうか。

アレン　あなたの（言っていることの）リアリティーの根
拠は何なんですか。現実性や自信の元になるものは。なぜ、
そんなことが言えるんですか。単なる知識ですか。情報で
すか。本に書いてあることですか。そういったものですか。

45

Sakakibara Yes. Partially, it's true that we are only learning the knowledge in the first place. But we are disciplining ourselves to attain the true meaning of that. In the tremendous difficulties in your life course, it seems that you really grasped the true meaning of our nature or foundation.

Allen I don't like the word "nature." Nature means "as it is."

Sakakibara OK. I will change that. Sorry. Foundation of life.

6 What is Eternal Life and Where is the Proof?

Allen OK, OK. Filipino. I just want to say that you can attain the result through meditation only. While you are in meditation, you can see or feel the

榊原　はい。最初は知識を学んでいるに過ぎないというのは、部分的にはその通りです。しかし、そのほんとうの意味を悟るために、修行をしています。あなたは人生行路の大変な困難のなかで、人間の本質（ネイチャー）や基礎に関して、そのほんとうの意味をつかまれたのだと思います。

アレン　私は「ネイチャー」という言葉は好きじゃないのでね。ネイチャーとは「ありのまま」という意味ですから。

榊原　わかりました、言い方を変えます。すみません。人生の「基礎」です。

6　「永遠の生命」とは何か、その証明は？

アレン　オーケー、オーケー、〝フィリピン人〟さん。私は、「ただ瞑想によってのみ、結果に到達することができる」ということが言いたいだけなんですよ。瞑想中に、神の存在を

6 What is Eternal Life and Where is the Proof?

existence of God. Sometimes you are inspired by Him that exists in your soul.

But I can't say that you are a part of God, because if you want to say that, you must prove that. No one can understand about that.

Ishikawa I think that the soul is eternal life given by God. And the heart...

Allen You easily use the words "eternal life." What is eternal life?

Ishikawa Eternal life is… We believe in the other world. So we reincarnate into this world…

Allen Why is it eternal?

Ishikawa "Why is it eternal?"

Allen It is limited.

見たり感じたりすることができますし、自分の魂のなかに潜む神から、インスピレーションを受けることもあります。

　ただ、「人間は神の一部である」なんてことは、私には言えませんね。そういうことが言いたかったら、証明しないと駄目でしょう。そんなことがわかる人はいませんから。

石川　「魂」とは、神から与えられた永遠の生命であると思います。そして「心」とは……。

アレン　「永遠の生命」という言葉を気軽に使われるけど、永遠の生命とは何ですか。

石川　永遠の生命とは……私たちはあの世を信じています。つまり、この世に転生輪廻してきて……。

アレン　なぜ、それが「永遠」なんですか。

石川　「なぜ、永遠か」ですか。

アレン　「有限」じゃないですか。

6 What is Eternal Life and Where is the Proof?

Ishikawa Why is it limited?

Ichikawa You are alive now in the spiritual world.

Ishikawa You are the proof of eternal life.

Allen No, no. Just 100 years. It's limited. Very limited.

Ichikawa Humans reincarnate forever. You have many past lives and in the future, you will be reborn…

Allen British people usually don't know and don't understand that argument.

Ichikawa Unfortunately, it's because the disciples of Christianity omitted the teachings of reincarnation from the Bible. That's why so many Christian people do not know.

6 「永遠の生命」とは何か、その証明は？

石川　なぜ「有限」なのでしょうか。

市川　あなたは今、霊界で生きていらっしゃいます。

石川　あなたが、「永遠の生命」の証明です。

アレン　いえいえ。たった100年ですから。有限ですよ。きわめて有限です。

市川　人は、永遠に生まれ変わります。あなたにも多くの過去世があり、未来においてもまた生まれて……。

アレン　英国人は普通、そういう議論は知りませんし、理解できません。

市川　それは、残念ながら、キリスト教の弟子が聖書から転生輪廻の教えを取り除いたためです。ですから、キリスト教徒の多くは、それについて知らないのです。

51

6 What is Eternal Life and Where is the Proof?

Allen No one succeeded in proving your theory.

Ichikawa I remember that Jesus Christ was told something like he is the second coming of Elijah in the Bible, so I'm sure this shows that he mentioned reincarnation.

Allen Hmm, maybe so, but maybe not.

Sakakibara But it seems that you really understood the true meaning of eternal life, in your life. Could you tell us about your experience?

Allen God should have eternal life, I agree. But you humans have eternal life? If you want to say things like that, you must be a saint or God-like being. So, it's very difficult to use such kind of words.

Even I, James Allen, have only lived 100 years after death. Is it eternal life or not, I'm not sure. Today

6 「永遠の生命」とは何か、その証明は？

アレン　そんな理論の証明に成功した人は、いませんよ。

市川　私の記憶では、イエス・キリストは聖書のなかで「エリヤの再来である」というような言われ方をしています。これは、イエスが転生輪廻について言及していたことを示していると思います。

アレン　うーん。そうかもしれないし、違うかもしれません。

榊原　しかし、あなたは生前、「永遠の生命」の真なる意味について理解されていたように思われます。あなたのご経験をお話しいただけますでしょうか。

アレン　神に永遠の生命があるべきことについては、同意しましょう。しかし、あなたがた人間に永遠の生命があるというんですか。そういうことを言おうと思うなら、聖人か、神の如き存在でなければならないんで、その種の言葉を使うのは非常に難しいことですよ。
　このジェームズ・アレンでさえ、死後100年間、生きてるだけですからね。永遠の生命かどうかなんて、わかりま

53

might be the last day of my life. If I say something wrong or something evil in my teachings, I will be perished by the Almighty God and that would be the end of my day. So, I cannot believe that I have eternal life. Because I am a human.

Sakakibara I see. Of course, I understand that it's all up to God because God created our souls and God decides whether we can live or not. These are all given. Yes, it's the truth.

But you really understood the meaning of life. So, could you tell us about your thoughts?

Allen You cannot see my soul. You cannot understand my existence. You cannot hear my voice usually.

This is just a typical phenomenon of religious people and historical saints. But if you were an English person, you would not believe that James

せん。今日が私の生命が終わる日かもしれませんよ。もし、自分の教えのなかで何か間違ったことや悪いことを言ったら、全能の神によって滅ぼされてしまって、それが私の最後の日になるかもしれないじゃないですか。ですから、自分に永遠の生命があるなどとは思えません。人間ですから。

榊原　わかりました。もちろん、すべては神のお心次第であるということは心得ています。私たちの魂を創造されたのは神であり、私たちが生きていけるか否かは神がお決めになることだからです。すべては（神から）与えられることです。はい、それが真実です。

　ただ、あなたは生命の意味を真に理解されましたので、あなたの思想についてお話しいただけますでしょうか。

アレン　私の魂は、あなたの目には見えません。私が存在することも理解できませんし、私の声も通常であれば聞くことはできないわけです。

　これ（霊言現象）は、宗教家や歴史上の聖人たちに典型的に起きる現象ではあるけれども、あなたがイギリス人だったら、ジェームズ・アレンが日本人のマスターを通

6 What is Eternal Life and Where is the Proof?

Allen is saying something through the Japanese Master to the Japanese people. How can you prove that I'm James Allen?

Sakakibara For those people who have really read your books, I think they can feel it. They can *feel your* existence in this interview.

Allen Failure!?

Sakakibara Ah, *feel*. Just...

Allen Ah, *feel*? *Feel* and *failure* are the same...

Sakakibara [*Laughs.*] Just feeling your presence.

Allen Ah, feeling is OK. It's OK.

して日本人に何かを言うなんていうことは信じられません
よ。私がジェームズ・アレンであることを、どうやって証
明できるんですか。

榊原　あなたの本をよく読んできた人であれば、「感じ」
でわかると思います。このインタビューのなかに、あなた
の存在を感じ取ることができるでしょう。

アレン　フェイリャ（失敗）!?

榊原　ああ、「フィール（感じる）」です。ただ……。

アレン　ああ、「フィール」ね？「フィール」と「フェイリャ」
は同じ（ような発音）……。

榊原　（笑）「あなたがそこにいると感じること」です。

アレン　ああ、「感じること」ならオーケーです。いいで
しょう。

7 Find Your Thinking Power and Use Your Willpower

Ishikawa Can I ask another, different question?

Allen OK.

Ishikawa I think there are two types of philosophy to faith. One type is self-power or self-help.

Allen Self-help type, OK.

Ishikawa And the other is outside power type or philosophy relying on outside power. I think that Christianity maybe belongs to the outside power type. But you were born in England and many people there were Christians. Even so, you became a great master of self-help movement.

Allen I'm not a great master [*laughs*].

7 あなたの「考える力」を発見し、 「意志の力」を用いよ

石川　もう一つ別の質問をしてもよろしいでしょうか。

アレン　いいですよ。

石川　信仰に関する考え方には、二種類あると思います。
一つは自力、自助努力型です。

アレン　自助努力型ね、はい。

石川　もう一つが他力型で、外側の力に頼る考え方です。
たぶん、キリスト教は他力型に属すると思います。あなた
はイギリスに生まれ、周りの人の多くはキリスト教徒でし
た。にもかかわらず、あなたは自助努力の流れの大家（グ
レート・マスター）になられました。

アレン　私は大家じゃないですよ（笑）。

7 Find Your Thinking Power and Use Your Willpower

Ishikawa Why did you need self-help philosophy?

Allen I just want to say that if you were poor, were born as a non-educated person or if your parents passed away early in your life, there is no condition for success and happiness.

But in your mind there is possibility for success. The key to success in your life is how to find your mind, I mean the thinking power which has direction. You must determine the final destination of your life and make effort to attain the result. And you can use your willpower at that time. This is the real key to success in your life.

This is a very simple teaching, but this very simple teaching cannot be understood by other people. People can easily understand how to get money, how to get position, how to make a great business or things like these. But I only worked on how to use the mind power. This is very difficult and it's usually

石川　なぜ、あなたは自助努力の哲学を必要とされたので
しょうか。

アレン　私が言いたいのはね、「貧しかったり、無教育な
人間として生まれたり、人生の早いうちに両親が亡くなっ
たりした人には、成功や幸福のための条件は何もない」と
いうことなんですよ。

　しかし、心のなかには成功の可能性があります。人生で
成功するための鍵は、「いかにして自分の心を発見するか」
です。すなわち、「方向性を持った考える力」を発見する
ことです。人生の最終目的地を定め、その結果を手にする
ために努力しなくてはなりません。その際には、「意志の
力」を用いることができる。これが、人生で成功するため
の、ほんとうの鍵なんです。

　実に単純な教えですが、この実に単純な教えが、他の人
たちにはわからないんです。金儲けの仕方とか、地位を得
る方法とか、大きなビジネスのやり方とかなら、すぐわか
るんですけどね。私は、「心の力の使い方」だけに絞った
わけです。これは実に難しくて、先ほどあなたが言われた
ような、魔術的な力とよく間違われてしまうんですよ。誰

mistaken for magical power like you said before. Who? "Attractive power" of...

Ishikawa The law of attraction?

Allen Law of attraction to Hell, you said?

Ishikawa If you use it wrongly.

Allen She recommended the law of attraction to Hell and it prevailed on earth, you said. But it's quite different.

I said earlier that we need purity, or to purify or *beautifly* our mind. That is the point that is different from the attraction toward gravity of Hell.

でしたか。「引き寄せ力」と言っている……。

石川　「引き寄せの法則」ですか。

アレン　「地獄行き引き寄せの法則」と言いましたか。

石川　使い方を間違えば、そうなりますね。

アレン　彼女（ロンダ・バーン）が「地獄行き引き寄せの法則」を人に勧めて、それが地上に広まったと言われましたが、あれは、まったく別物なので。
　先ほども言いましたけれど、私たちに必要なのは「清らかさ」であり、心を清めることであり、心を「美しからしめる」ことなんです。そこが、地獄の重力に引き寄せられていくのとは異なる点です。

8 Only One Percent of People Can Understand the Original Thinking Method of Self-Realization

Ishikawa I see. So, according to your teachings, man is the maker of himself and the maker and shaper and author of his environment.

However, you said in another book, *Above Life's Turmoil*, that we cannot avoid the turmoil of the world. So, I would like to ask about the meaning of adversity, ordeal and turmoil. I think that maybe these are partially caused by our own thoughts, not all.

Allen I'm a very small, small person. So, I cannot change other people's life courses. I have no such kind of power. I'm not Jesus Christ, so I have little power. I can just give some hints to the people who are suffering now.

8 わずか１パーセントの人だけが知る
本来の「自己実現の考え方」

石川　わかりました。つまり、あなたの教えによれば、「人は自分自身の創り手であり、自分を取り巻く環境を創り出し、それに形を与え、生み出していく者である」ということですね。

　けれども、あなたは『人生の混乱を超えて』という別の本のなかで、「世間の混乱を避けることはできない」と書かれています。ですから、逆境や試練や混乱などが持つ意味について、お伺いしたく思います。たぶん、そういったものは、部分的には私たちの考え（念い）が原因になっていると思います。すべてではないでしょうが。

アレン　私は、ほんとうに取るに足らない人間に過ぎないので、他の人の人生の流れを変えたりすることはできません。そんな力はないですよ。イエス・キリストではあるまいし、さしたる力はありません。今、現に苦しんでいる人に、ヒントを与えるくらいのことですので。

But the real power to rebuild and remake your lives is in your mind only. Each and every person. I can just give some tips to them. I can only give them the hints. I cannot change their life courses and I cannot give any money, success or happiness myself. But they can get those if they want to be or if they imagine becoming such kind of person.

This is the original thinking method of self-realization. But it's very difficult. Only one percent of people can understand this theory. I'm afraid you (Ishikawa) fail my test.

Ichikawa Thank you very much. As you said, only one percent of the population can acquire the power of thought. And we are just ordinary people.

Allen Not ordinary. Small, small, small, small, very small being is the reality of humankind. God is great, but human is very, very small like an ant. This is the

けれども、人生を再建し、創り直すことのできる現実の力は、心のなかにのみ存在しています。一人ひとりの人間のなかです。私にできるのは、コツを教えたり、ヒントを出したりする程度です。私自身が彼らの人生行路を変えたり、お金や成功や幸福を与えたりすることはできませんのでね。ただ、その人がそうなりたいと思い、自分がそういう人間になることをイメージすれば、そういったものを手に入れることができるわけです。

これが、自己実現に関する本来の考え方です。ただ、これは非常に難しいことなんですよ。この理論がわかる人は、ほんの1パーセントしかいません。あなた（石川）は、私の試験に通らないんじゃないでしょうかね。

市川　ありがとうございます。思考のパワーを手にすることができる人は1パーセントしかいないということですし、私たちは普通の人間に過ぎませんので。

アレン　〝普通〟なんかじゃないですよ。「それはそれは小さな、小さな小さな、非常に小さな存在である」というのが、人間のほんとうの姿なんです。神は偉大ですが、人間なん

starting point. You said you are one of the gods or a part of God. No, no, no, no. You are going to Hell in the near future. Ha!

Ichikawa OK. So, you mean, to realize the power of thought, we should first realize that we are small existences in front of God, right?

Allen Yes. And small efforts. We are required small efforts, day by day.

9 Meditation: the Only Way to Inner Happiness and to the World of God

Allen My success is not like the success of, for example, a millionaire on Wall Street with a very huge amount of assets. I'm not a millionaire, so my success is not the law to become a millionaire.

ていうのは、ごくごく小さな、蟻みたいなものです。それ
が出発点なんです。あなたがたは、自分たちは〝神々の一人〟
であるとか、〝神の一部〟であるとか言いましたけど、違う、
違う、違う、違う。そのうち地獄行きになりますよ。ハッ！

市川　はい。つまり、思考のパワーを実現するためには、
まず、「自分は神の前では小さな存在である」ということ
に気づかなければならないということですね。

アレン　そうです。そして、ささやかな努力です。日々、
ささやかな努力を重ねることが求められるわけです。

9　瞑想 ——「内的幸福」「神の世界」に至る　　唯一の方法

アレン　私の成功は、たとえば、巨額の資産を持つウォー
ル・ストリートの億万長者みたいなものではないんですよ。
私は億万長者じゃないので、私のいう「成功」とは、億万
長者になるための法則というわけではありません。

But I feel very, very happy in my mind because I'm filled with God's Light within me and I can give part of my light to other people. That is my success. That is my happiness.

So, if you define happiness as "to get something," success as "to get something from others, the government, the mass media, another country or something like that," and victory as something like "happiness," then that's a little different. I don't mean it like that. My happiness is "inner happiness."

Ishikawa I think, to acquire such inner peace or inner happiness, maybe meditation is very important.

Allen Yes, very important.

Ishikawa And your wife said something like, "James Allen may truly be called the prophet of meditation." In your book, *The Way of Peace*, it says, "Spiritual

9 瞑想 ——「内的幸福」「神の世界」に至る唯一の方法

けれども私の心は、ほんとうに幸福を感じているんです。自分の内面が神の光で満たされていて、その光の一部を人に与えることができるからです。それこそが私の成功であり、私の幸福であるわけなんです。

ですから、あなたがたの定義が、幸福とは「何かを手に入れることである」とか、成功とは「他の人たちや政府やマスメディアや他国等から何かをもらうことである」とか、「何かに勝つことが幸福である」とかいうことだとすれば、それは少し違いますよということです。私が言いたいのは、そういうことではありません。私の幸福は「内的幸福」なんです。

石川　そういう「内なる平和」や「内的幸福」を得るためには、瞑想が非常に大切ではないかと思います。

アレン　そうですね、非常に大切です。

石川　また、あなたの奥様によれば、「ジェームズ・アレンは、〝瞑想する預言者〟と呼ばれるのがふさわしいかもしれない」というようなことでした。ご著書の『平和への道』

9 Meditation: the Only Way to Inner Happiness and to the World of God

meditation is the pathway to Divinity. It is the mystic ladder which reaches from earth to heaven, from error to Truth, from pain to peace. Every saint has climbed it." Why is meditation so important and how can we practice true meditation?

Allen Yes, it's the only tool to go to the World of God. It's the bridge from this world to another world where God lives. To make the bridge, meaning the spiritual bridge, of course; to make the spiritual bridge, practice meditation.

Meditation requires daily efforts. You must make up your mind to continue your meditation every day. For example, in my case, I meditated early in the morning near a cliff by the sea, I mean the coast, or in the middle of a small mountain. Sometimes I had conversations with spiritual beings who might have been angels. Several experiences led me to pure faith in God.

God Himself cannot answer my question, but

9　瞑想 ——「内的幸福」「神の世界」に至る唯一の方法

のなかには、「霊的な瞑想は、神性に至る道である。地上から天界へ、過ちから真理へ、苦痛から平和へと至る、神秘の梯子である。聖人たちは皆、その梯子を登ったのである」とあります。なぜ、瞑想はそれほど大切なのでしょうか。ほんとうの瞑想は、どうすればできるのでしょうか。

アレン　そう。それこそが、神の世界へと至る〝唯一のツール（道具、方法）〟なんです。この世から、神の住まうあの世に至る架け橋です。その橋を架けるためには、というのは、もちろん霊的な意味における〝橋〟ですけど、霊的な橋を架けるためには、瞑想をしてください。

　瞑想には、日々の努力が要るんです。「毎日、瞑想を続けよう」と心に決めないといけません。たとえば私であれば、朝早く、海岸近くの崖の上や、小高い山の中腹などで瞑想をしていました。天使ではないかと思われる霊的存在と、言葉を交わしたこともありましたよ。いくつかの経験を通して、神に対する純粋な信仰へと導かれていったわけです。

　神ご自身に、私の問いにお答えいただくことはできませ

God's disciple in the heavenly world sometimes advised me and answered me regarding my poverty, illness, lack of money, spiritual problems, problems concerning my lack of education and regarding my confusion about hope. This is meditation.

10 The Way to Reconcile Wealth with Happiness

Ichikawa Thank you. You didn't have much money when you were alive, but in the same age there were many people who were influenced by you, such as Dale Carnegie, Norman Vincent Peale, Napoleon Hill…

Allen They are rich [*laughs*].

Ichikawa Or Andrew Carnegie, Henry Ford or John

んけれども、天上界にいらっしゃる神の弟子の方から、助言や答えをいただくことはありました。自分が貧乏であることや、病気のこと、お金がないこと、霊的な問題、教育を受けていないことに関する問題、将来の希望についての迷いなどについて、アドバイスや答えをいただいていました。それが瞑想というものです。

１０　「富」と「幸福」を調和させる道

市川　ありがとうございます。生前のあなたは、あまりお金がなかったとのことですが、同時代にも、あなたの影響を受けた方は数多くいらっしゃいました。デール・カーネギーであるとか、ノーマン・ビンセント・ピール、ナポレオン・ヒル……。

アレン　みなさん、お金持ちですね（笑）。

市川　あるいはアンドリュー・カーネギー、ヘンリー・

Rockefeller. From your perspective, what do you think about these giant entrepreneurs?

Allen They are rich and they became famous as the giants of humankind in the 20th century. But I am a small person. Just a small person. Not so famous and didn't have enough money. I only had enough money for my small family to live every day, only to ask for bread and butter and some wine or something like that. I was not rich. I was below ordinary people.

But through my *As a Man Thinketh*, there appeared a lot of successful people. They got money and grew rich. Some say, "Think and grow rich[*]." Yes, it's true.

But I'm sorry to say that they are not so successful in their mind. They are trapped by earthly desires,

---

[*] Title of Napoleon Hill's best-selling self-improvement book on success.

10 「富」と「幸福」を調和させる道

フォード、ジョン・ロックフェラーなどです。あなたから
ご覧になって、彼らのような巨大な企業家については、ど
う思われますか。

アレン　そういう人たちはお金持ちで、20世紀の人類の
巨人として名声を博した人たちでしょう。私なんかは小さ
な人間ですよ。小さな人間で、たいして有名でもなかった
し、お金にも不自由してました。小さな家族が、パンとバ
ターと、少しはワインでも買い求めることができる程度の、
日々を暮らしていくだけのお金しかなかったんです。裕福
ではありませんでした。普通の人以下でしたね。

　それでも、私が書いた『人、考える如く』によって、成
功者が大勢、出ました。彼らはお金を稼いで豊かになりま
した。「考えて豊かになれ」（注）と言ってる人もいますけ
ど、そう、それはその通りですよ。

　しかし残念ながら、彼らの心のほうは、それほど成功を
収めたとは言えないでしょう。この世的な欲望や、この世

　（注）ナポレオン・ヒルが書いた成功哲学のベストセラー本の書名。邦訳『思考は
現実化する』。

77

earthly success and earthly fame. I'm free from these desires and attractions. So, I'm peaceful in my mind and I'm happier than them.

Ishikawa I think Jesus Christ declared, "No man can serve two masters" and "you cannot serve God and Mammon." So, how can we serve God?

Allen Oh... you think much of yourself. You asked me how to serve God. It means you are next to God or near to God.

Ishikawa I'm sorry.

Allen But... I cannot say at this point that you are next to God or a great disciple. Because you are a very earthly person. I felt like that.

的成功、この世的な名声などの〝落とし穴〟にはまっているので。私のほうは、そういう欲望や誘惑から自由なんです。だから、心は平和で、彼らより幸福なんです。

石川　イエス・キリストは、「二人の主人に仕えられる人はいない」「神とマモン（富の神）に同時に仕えることはできない」と明言されていたと思います。神に仕えるには、どうすればいいでしょうか。

アレン　ああ……。あなたは自己評価が高すぎるようです。「神に仕えるには、どうすればいいか」というお尋ねですが、それは、あなたが「神に次ぐ立場にある」、もしくは「神の側近くにある」という意味になりますのでね。

石川　すみません。

アレン　まあ……現時点では、あなたは神に次ぐ立場にあるとも、高弟であるとも言えないでしょう。非常にこの世的な人間だからです。そういう感じを受けましたけどね。

Ishikawa I need more meditation.

Allen You have a lot of inner flame from the bottom of your heart. You want to acquire a lot of things through your life. You don't seek pureness and you don't want to *beautifly* your life. You are quite a different person and live in a different world. How is this a religious group? I cannot understand.

Ishikawa I'm so sorry. But I would like you to answer my question for the sake of other people. In your book, you said that people have two masters, the self and the Truth, and they are always fighting against each other. So, how can we overcome such egotistical mind?

Allen I think in this way. If you get money or success through gathering money, don't think that it's your money. It's the money of the people who are scheduled to be saved by God or the money for

１０　「富」と「幸福」を調和させる道

石川　もっと瞑想をしないといけませんね。

アレン　あなたは心の奥底から、内なる炎が燃え盛っています。人生を通して、いろんなものを手に入れたいと思っているでしょう。清らかさなど求めてないし、人生を美しからしめたいとも思っていない。あなたは全然、別種の人間で、別の世界の住人ですよ。これで、なぜ宗教団体と言えるのか、理解に苦しみますね。

石川　まことに申し訳ありません。しかし、他の方たちのために、私の質問にお答えいただきたいと思います。あなたの本には、「人間には、二人の主人がいる。自我と真理である。両者は常に争い合っている」とあります。どうすれば、そのような自己中心的な心に打ち克つことができるのでしょうか。

アレン　私は、こう思うんです。お金を手にしたり、お金を集めて成功を手に入れたりしても、それを「自分のお金だ」と思ってはいけません。それは、「神に救われるべく予定されている人々のお金」なんです。あるいは、「援助

the poor people who are waiting for your aid. Don't think that the money is your own or that it belongs to your own religious group, or something like that. That is the only way to reconcile with God.

Ishikawa Thank you so much.

11 Allen, One of the Tools of God, Became the Origin of New Thought

Sakakibara I would like to ask you about the reason why you were born in England…

Allen Oh! Oh!

Sakakibara …in the middle of the 19th century. Why did you choose…

Allen Why were you born in Japan?

を待ち望んでいる貧しい人々のためのお金」です。「自分
のお金」であるとか、「自分たちの宗教団体のお金」であ
るとか、そんなふうには思わないことですね。それが、神
との調和に至るための、唯一の道です。

石川　ありがとうございます。

11　〝神の道具〟の一人として、
　　　　ニュー・ソートの発信源となった

榊原　あなたは、なぜ19世紀半ばのイギリスにお生まれ
になったのかを……。

アレン　おお！　おお！

榊原　……お伺いしたいのですが。なぜ（イギリスを）選
ばれたのでしょうか……。

アレン　あなたは、なぜ日本に生まれたんですか。

11 Allen, One of the Tools of God, Became the Origin of New Thought

Sakakibara Ah… for Happy Science.

Allen Hmm, really?

Sakakibara Yes.

Allen Really?

Sakakibara Yes, to serve Lord El Cantare, Master Ryuho Okawa.

Allen But you did a lot of bad things in your life.

Sakakibara Yes. Yes, and I…

Allen After that, you found Happy Science.

Sakakibara Yes.

榊原　ああ……幸福の科学のためです。

アレン　ふうん、ほんとうですか。

榊原　はい。

アレン　ほんとうに？

榊原　はい。主エル・カンターレ、大川隆法総裁先生にお仕えするためです。

アレン　でも、あなたは人生で、いろいろ悪いこともしてきたでしょう。

榊原　はい。はい、私は……。

アレン　そのあとで、幸福の科学に出会ったんでしょう。

榊原　はい。

Allen So, you told a lie to me.

Sakakibara [*Laughs.*] I'm sorry. Umm... yes, I think that I really was bad before I met Happy Science. But that was part of my life plan. I regret that.

Allen So, I will ask you again. "Why did James Allen have to be born in England?" Please ask your Lord about that.

Sakakibara Yes. OK. But you are in Heaven right now, in the Spirit World. You can recognize your true mission or the reason why you were born in England.

Allen I don't know...

Sakakibara [*Laughs.*] Really?

Allen ...exactly. I was miserable in my life, [*laughs*] in the materialistic meaning.

11 〝神の道具〟の一人として、ニュー・ソートの発信源となった

アレン　では、さっきの言葉は嘘ですね。

榊原　（笑）すみません。ええと……はい。幸福の科学に出会う前の自分は、実際、悪かったと思います。でも、それも人生計画の一部だったのです。そのことは悔やんでおります。

アレン　では、もう一度お聞きします。「なぜ、ジェームズ・アレンはイギリスに生まれなければいけなかったのか」。ぜひ、あなたがたの主にお尋ねください。

榊原　はい。わかりました。しかし、あなたは今現在、霊界の天国にいらっしゃいます。ご自分のほんとうの使命やイギリスに生まれた理由が、おわかりになるはずです。

アレン　わかりません……。

榊原　（笑）ほんとうですか。

アレン　……正確なところはね。物質面では、私の人生は悲惨でしたから（笑）。

87

Sakakibara But actually, I think your books became one of the main sources that developed the American prosperity. I think your books are related to the phenomenon.

Allen OK, I'll tell you the truth.

When I was in this world, I sometimes was guided by Jesus Christ and sometimes was guided by Buddha himself. This is the reason that James Allen was born in England. This is the reason that my philosophy influenced the United States of America and is spreading now through globalism and new Japanese religious movement.

Now, the Westerners and Oriental people are gathering together and are setting up one final goal of God. I was one of the tools of God like Mother Teresa or like that.

Of course, there were other prophets in the United States of America, for example, Napoleon Hill, Andrew Carnegie and Norman Vincent Peale.

榊原　しかし、現にあなたの著作は、アメリカの繁栄を築いた源流の一つになったものであると思います。その現象に関連していると思います。

アレン　わかりました。ほんとうのことを言いましょう。

　地上にいたときの私は、イエス・キリストや仏陀ご自身からご指導いただくことがありました。それが、ジェームズ・アレンがイギリスに生まれた理由であり、私の哲学がアメリカ合衆国に影響を与えて、グローバリズムと日本の新たな宗教運動を通じて、今、広がっている理由です。

　今、西洋人と東洋人が相集って、神の最終目標を打ち立てているところなのです。私は〝神の道具〟の一人だったんです。マザー・テレサなどと同じですよ。

　もちろんアメリカには、ほかにも預言者はいましたよ。たとえば、ナポレオン・ヒルやアンドリュー・カーネギー、ノーマン・ビンセント・ピールなどです。ノーマン・ビン

11 Allen, One of the Tools of God, Became the Origin of New Thought

Norman Vincent Peale and I are very familiar in our relationship. We are aiming at attaining the same goal. Mr. Norman Vincent Peale did it in the United States of America and I was the origin of this New Thought* from England.

Yes, the starting point of this dream was very small, but now it's becoming a great river. Mr. Ryuho Okawa appeared in Japan and you have another mission; to reorganize this world which was divided by several religions and get them together again under the name of God. This is your mission, I guess.

---

* A religious movement affiliated mostly with Christianity that developed in 19th century United States. Teachings center around positive thinking such as "good thoughts bring good things."

11 〝神の道具〟の一人として、ニュー・ソートの発信源となった

セント・ピールと私は、非常に懇意な間柄です。同じゴールを目指していますので。ノーマン・ビンセント・ピール氏はアメリカでそれをやり、私はイギリスから、ニュー・ソート（注）の発信源になったわけです。

　そう、この夢の出発点は非常に小さなものでしたが、今や、大きな川になりつつあります。大川隆法氏が日本に現れたので、あなたがたには、「いくつもの宗教によって分かれたこの世界を再編成し、神の名のもとに、それらを再び一つにする」という、もう一つの使命があるわけです。それが、あなたがたの使命だと思いますね。

Norman Vincent Peale (1898~1993) was an American minister and author. His book, *The Power of Positive Thinking* became a bestseller, selling 20 million copies worldwide.
ノーマン・ビンセント・ピール（1898～1993）はアメリカの牧師・著作家。著書『積極的思考の力』は全世界で２千万部の大ベストセラーとなった。

（注）19世紀のアメリカで始まった、多くはキリスト教を母体とする宗教運動。「良いことを思えば、良いことが起きる」という積極思考を中心的な考え方とする。

Sakakibara   Thank you very much for revealing such a spiritual secret for us.

12   The Paradox and Evil in Marx and Henry VIII

Ichikawa   In addition to that, do you have any spiritual secret to vanish Marxism in Europe? Because before you published your book, Karl Marx published *The Communist Manifesto* and in that age, Marxism and totalitarianism spread in Europe.

Allen   My power was so poor and my influence was so small. Karl Marx did a lot in this world because his thought was very similar to the wavelengths of this earthly world in the spiritual context. He just lived as a prophet of materialistic people.

People seek bread but don't seek the Truth of God these days. That's why he was greatly successful in this

榊原　それほどの霊的な秘密を明かしてくださり、まこと
にありがとうございます。

１２　マルクスとヘンリー８世、
　　　その逆説と邪悪性について

市川　それに加えてお伺いしたいのですが、ヨーロッパに
おけるマルクス主義を消し去るための、何らかの霊的な秘
密をお持ちでしょうか。あなたの本が出版される前には、
カール・マルクスが『共産党宣言』を出版し、当時はヨーロッ
パにマルクス主義と全体主義が広まっていましたので。

アレン　私の力は貧弱で、影響力も非常に小さなものだっ
たんです。カール・マルクスは、この世では大を成しまし
たが、それは、彼の思想が霊的観点から見て、この世的波
長とよく似ていたからです。彼は、唯物論的な人たちにとっ
ての〝預言者〟として生きたに過ぎません。
　今の人たちは、パンは求めても、神の真理を求めること
はしないんです。そういうわけで、マルクスはこの世にお

world. But now he is deprived of almost everything in another world*.

This is a paradox. The people who want to supply goods and materialistic things in this world and want to make this world happier go to Hell and are deprived of a lot of property. And the people who live through meditation and get very small things in this world become greater in the spiritual realm. This is a paradox which also occurred in the age of Jesus Christ. I think so.

Ichikawa Thank you very much. After you passed away, England…

Allen Declined [*laughs*].

---

* According to Happy Science spiritual readings, after Marx' death, he fell to a Hell for leaders who caused confusion for others by his philosophy. He has not yet realized that he is not alive. Refer to *Marx Motakuto no Spiritual Message* (literally, Spiritual Messages from Marx and Mao Zedong) [Tokyo: IRH Press, 2010].

いては〝大きな成功〟を収めたけれども、今はあの世で、〝何もかも取り上げられた〟に等しい状態ですのでね（注）。

　これは、ひとつのパラドックス（逆説）です。「世の中に商品や物質的なものを供給して、世の中をもっと幸福にしたい」と思う人が、地獄に堕ちて、あらゆる所有物を奪われてしまう。そして、「瞑想を糧として生き、この世においては小さなものしか得られなかった人」が、霊界では大いなる者となる。これは、イエス・キリストの時代にも起きた逆説であると思いますね。

市川　ありがとうございます。あなたが亡くなった後、イギリスは……。

アレン　傾きました（笑）。

　（注）幸福の科学の霊査によると、マルクスは死後、間違った思想によって人々を迷わせた指導者が堕ちる地獄に堕ち、周りと隔離されており、自分が死んだことさえ気づかないような状態にある。『マルクス・毛沢東のスピリチュアル・メッセージ』（大川隆法著・幸福の科学出版刊）第１章参照。

95

Ichikawa ...suffered from the British disease[*]. If you were in England now, what kind of message would you want to tell the people?

Allen The Christianity of England is a little different from the real Christianity. The origin of the Church of England is not so good, I think. Henry VIII[†], the founder of the British church, was a bad man. Not "batman," but "bad man."

His influence contaminated the Christianity of England and England's colonialism all over the world was contaminated by his evil thoughts. So, I must purify English Christianity. This was one of my missions. This is the answer to your question.

---

[*] The U.K. implemented its "from cradle to grave" social welfare policies after World War II, leading to an increase in social security cost and a drop in the people's motivation to work. As a result, the U.K. suffered serious economic downturn in the 1960s and 1970s. People around the world called this the British disease or the English disease.

[†] Henry VIII (1491~1547) A king of England who was the second monarch from the House of Tudor. Following conflict over his divorce, he broke away from the Roman Catholic Church and established the Church of England. Henry VIII was married six times, and is believed to have been an egoistic and merciless king. The spirit of Princess Diana also mentions problems of Henry VIII in her spiritual message. Refer to *Spiritual Interview with Princess Diana* [Tokyo: HS Press, 2017].

12 マルクスとヘンリー8世、その逆説と邪悪性について

市川 ……「英国病」（注1）にかかりました。もし、あなたが今、イギリスにいらっしゃったら、イギリス国民にどのようなメッセージを伝えたいと思われますか。

アレン イギリスのキリスト教は、本来のキリスト教とは若干違ってるんです。英国国教会の起源は、あまりいいものではないと思っています。英国国教会の創始者であるヘンリー8世（注2）は悪人でしたので。「バットマン」じゃないですよ、「バッド・マン（悪い人間）」です。

　彼のせいでイギリスのキリスト教が〝汚染〟されたし、世界中に広がったイギリスの植民地主義も、この男の邪悪な考え方によって〝汚染〟されたものだったんです。ですから、イギリスのキリスト教を清めなければならないというのも、私の使命の一つでした。これが、ご質問に対する答えです。

　（注1）英国は、第二次世界大戦後、「ゆりかごから墓場まで」をスローガンに社会福祉政策を進めた結果、社会保障負担の増加や、国民の勤労意欲の低下を招き、1960年代、70年代、深刻な経済低迷に陥った。こうした状況を世界は「英国病」と呼んだ。

　（注2）ヘンリー8世（1491〜1547）チューダー朝第2代のイングランド王。自らの離婚問題を巡ってローマ・カトリックと決別し英国国教会を創始した。生涯に計6回結婚し、利己的かつ無慈悲な王であったとされている。ヘンリー8世の問題点についてはダイアナ妃の霊も霊言の中で触れている。『ダイアナ元皇太子妃のスピリチュアル・メッセージ』（大川隆法著・幸福の科学出版刊）参照。

97

Ichikawa In the modern society like the U.K., so many people emigrate from their own countries to the U.K. and get citizenship in the U.K. Do you have any advice for these immigrants to be successful or to attain happiness in foreign countries?

Allen Ah... I can only see darkness in the future of the U.K. There needs new light in our future because the starting point of New Thought was 'lack of power.' I wrote 19 books, but my books... [*Looks at Ishikawa*] Oh, are you OK?

[*Ishikawa passes out in his chair, facing toward the ceiling.*]

Allen Huh? Are you OK? OK?

Ichikawa Could you give us a rest?

Allen Oh, sorry.

市川　現代社会においては、英国もそうですが、多くの人々が自分の国から英国に移住して、英国の市民権を得ています。これらの移民が、母国以外の場所で成功や幸福を得るためのアドバイスは、何かございますでしょうか。

アレン　ああ……。英国の将来には「暗闇」しか見えてきませんね。私たちの未来には「新たな光」が必要です。なぜならニュー・ソートというのは、そもそも「力がない」というところからスタートしたものだからです。私は本を19冊書いたけど、その本は……。（石川を見て）ああ、大丈夫ですか。

（石川、椅子に座ったまま仰向けになって意識を失う。）

アレン　ええ？　大丈夫ですか。大丈夫？

市川　休憩をいただけますでしょうか。

アレン　ああ、悪かったですね。

[Staff helps Ishikawa recover and helps him leave his seat.]

Allen Oh, I'm a messenger from Hell. Sorry.

Ichikawa I think your light was too strong.

Allen Sorry. Uh-huh. His pride was hurt and…

Ichikawa We're very sorry to interrupt your talking.

Allen OK, I will go back soon, so, don't mind. This is the final session.

Ichikawa It's quite precious time for us to talk to you so…

Allen Is this precious? Really?

Ichikawa Precious, yes.

　　　　　12　マルクスとヘンリー8世、その逆説と邪悪性について

（石川、スタッフに介抱され意識を回復し、支えられて退席。）

アレン　ああ、〝地獄のメッセンジャー〟になってしまいましたね。申し訳ない。

市川　あなたの光が強すぎたのだと思います。

アレン　申し訳ない。そうか。プライドが傷ついて……。

市川　お話を中断させてしまい、大変申し訳ありません。

アレン　大丈夫ですよ。すぐに戻れますから。気にしないでください。最終セッションですから。

市川　あなたとお話しできるのは、非常に貴重な時間ですので……。

アレン　貴重ですか。そうですか。

市川　貴重です、はい。

Allen Oh, I'm sorry. I questioned a lot about you, so you are confused.

Ichikawa It's an honor to receive questions from you.

Sakakibara We appreciate it.

13 Why is it Difficult to Practice Faith and Missionary Work?

Allen Belief is very difficult. People easily use the words 'belief' and 'faith.' But in reality, people don't understand the real meaning of these words because they don't understand the reality of God or reality of sacred beings.

Some sacred beings come down to this earth to save a lot of people. People don't recognize these facts, so 'belief' and 'faith' for them are not correct, I think.

アレン　いや、申し訳ない。いろいろ質問して、混乱させてしまったようで。

市川　あなたから質問していただけて光栄です。

榊原　感謝しております。

１３　信仰と伝道は、なぜ難しいのか

アレン　信仰とは、実に難しいものです。「ビリーフ」とか「フェイス」とかいう言葉（いずれも「信仰」の意）は気軽に使われてはいますが、実際には、この言葉のほんとうの意味が理解されていませんね。神が現実にどのような存在であり、聖なる存在たちが現実にどういった方たちであるのか、理解されていないからです。

　聖なる存在たちのなかには、多くの人を救うために、この地上に生まれてくる方もいるけれども、そういった事実が認識されることはないので、「信仰」ということの意味

103

Sakakibara We will convey your true intentions to the people, along with the Happy Science teachings.

Allen But you will find difficulties in the near future because you told a lot of people that El Cantare is the Father of Jesus Christ*. You must prove that. And how to prove that fact is very difficult. If this was in the Medieval age, you would be burned to death because of your words. Even now, it's not so easy to convince people of such simple words.

Of course, think simply, but please think from the standpoints of a lot of people and have mercy toward the people who cannot believe in what you are saying. That's usually the case for common people who don't have real faith in their minds. So, it's very difficult to

---

* Refer to *Shinko no Hou* [literally, The Laws of Faith. Tokyo: IRH Press, 2017].

13 信仰と伝道は、なぜ難しいのか

が正しいものでなくなっていると思います。

榊原　幸福の科学の教えと併せて、あなたの真意をお伝えしてまいります。

アレン　ただ、あなたがたは近い将来、困難に見舞われることになるでしょうね。「エル・カンターレはイエス・キリストの父である」(注)と、あなたが多くの人に言って回ったので。それを証明しなければなりません。この事実を証明するのは、きわめて困難なことです。中世なら、その言葉のせいで火あぶりになって死んでいるところですよ。現代であっても、その単純な言葉を人々に納得してもらうのは、そうは言っても簡単なことではありません。

　もちろん、考え方はシンプルにすべきですが、大多数の人たちの立場に立って考えてください。あなたがたの言ってることを信じられない人々に対して、慈悲の心を持ってください。本物の信仰心を持てていない一般の人たちにしてみれば、それが普通のことなんです。ですから、英国や

(注)　『信仰の法』（大川隆法著・幸福の科学出版刊）参照。

105

convey the Truth all over the U.K., Europe and the United States.

If you earned a lot of money or produced a money-making management method or something like that, it will be helpful for you. But if you teach only about the mind or how to purify your mind or *beautifly* your life, that will bear no fruits, in reality, in the worldly meaning. So, you will feel a lot of difficulties in your missionary work.

14 Allen's Past Life

Sakakibara OK. I'm so thankful for you giving all of us precious advice. We will do our best to convey the Truth, including your teachings, to the people in England and people all over the world.

You had such a great mission in your life and this was already planned in Heaven. And you were inspired by Jesus Christ and Shakyamuni Buddha.

ヨーロッパやアメリカ中に伝道していくのは、困難をきわめるでしょうね。

　お金をたくさん稼いだり、お金を稼げるマネジメントの方法などを生み出したりすること自体は、役に立つでしょう。しかし、心のことや、心を清らかにする方法や、人生を美しからしめる方法しか教えないとしたら、現実に、この世的な意味では、何の実りも生むことはないでしょう。伝道の難しさを痛感することと思います。

１４　ジェームズ・アレンの過去世とは

榊原　わかりました。貴重なアドバイスをお与えくださり、ほんとうに感謝いたします。私たちは、イギリスと全世界の人々に向けて、あなたの教えも含めて真理をお伝えすべく、全力を尽くしてまいります。

　あなたは人生の偉大な使命をお持ちでしたが、それは天上界で計画されたものであり、イエス・キリストや釈尊からインスピレーションを受けていらっしゃいました。もし

14 Allen's Past Life

If you don't mind, could you reveal your past incarnations?

Allen Hmm... Saint Francis* in Italy. At the time, I knew someone in this group. Maybe... Umm... someone who graduated from a Christian university.

* Saint Francis (1181/82~1226) a Roman Catholic friar. Born in Assisi, Italy. Following Jesus Christ's footsteps, he lived a life of poverty and service and established the Franciscan Orders. Two years after his death, he was pronounced a saint by Pope Gregory IX. Pictured left is the oldest image of Saint Francis still in existence (1223). Right is the picture titled *Sermon to the Birds* (ca. 1290) by Giotto, depicting a famous episode where Saint Francis is giving a sermon to the birds.

差し支えなければ、過去の転生を明かしていただけませんでしょうか。

アレン　うーん……。イタリアの聖フランチェスコ（注）です。当時は、こちらの団体にいる人（で、その同時代に生まれていた人）と知り合いでした。たぶん……うーん……キリスト教系の大学を出た人です。

（注）聖フランチェスコ（1181/82〜1226）　カトリック教会の修道士。イタリアのアッシジ生まれ。キリストの生き方を手本として、清貧と奉仕の生活を実践し、フランチェスコ修道会を設立。死去2年後、教皇グレゴリウス9世によって「聖人」に列せられた。画像左は、現存する最古のフランチェスコ像（1223年作）。右は、フランチェスコが鳥に説法した有名なエピソードを描いたジョット作「小鳥への説教」（1290年頃）。

14 Allen's Past Life

Ichikawa Mr. Oikawa*?

Allen Mr. Oikawa, Oikawa, Oikawa, Oikawa, Ichikawa, Oikawa, Ichikawa… Ah, I don't know the difference. But someone who was my colleague at the time.

Ichikawa Or Mr. Isono*? He's now in Europe.

Allen Mr. Isono? He is like Buddha's belly[†]. Maybe a Buddhist or someone from Japanese Shintoism. Of course, a Christian person, too. But I don't exactly know about him. It might be you or something "kawa."

Ichikawa Thank you.

---

[*] Oikawa and Isono are staff at Happy Science who once belonged to the International Headquarters.
[†] Hotei, one of the Seven Gods of Fortune, is said to have Buddha's belly in English.

14　ジェームズ・アレンの過去世とは

市川　及川さん（注1）でしょうか。

アレン　及川さん、オイカワ、オイカワ、オイカワ、イチカワ、及川、市川……ああ、違いがわかりませんけど。とにかく、その当時、私の同僚だった人です。

市川　あるいは、磯野さん（注1）でしょうか。今はヨーロッパに行っていますが。

アレン　ああ、磯野さんですか。彼は、〝仏陀のお腹〟（注2）みたいな人でしょう。仏教徒か、日本神道の人かもしれません。もちろん、キリスト教徒もですけど、彼のことは、よく知りません。あなただったかもしれませんし、「ナントカ川」さんだったかもしれません。

市川　ありがとうございます。

（注1）及川、磯野とも幸福の科学の職員であり、国際本部に所属していた時期がある。
（注2）七福神の布袋の像のような「布袋腹」のことを、英語で俗に「ブッダズ・ベリー（仏陀のお腹）」と言う。

111

14 Allen's Past Life

Sakakibara Can we take it that you're guiding Happy Science University?

Allen Guiding Happy Science University? You're asking me?

Sakakibara Yes.

Allen Guide? Oh, it's difficult. I studied only through elementary school and middle school. That's all. I have no higher education, so I cannot. But in the spiritual meaning, I will aid you.

Sakakibara Please guide us and Happy Science University.

Allen OK, but don't forget. A greater person in this world does not mean he or she is greater in another world or God's world. A man who thinks he is not

榊原　幸福の科学がつくろうとしている大学（現ハッピー・サイエンス・ユニバーシティ）をご指導いただいていると考えてよろしいでしょうか。

アレン　幸福の科学の大学の指導ですか。私に聞いているのですか。

榊原　はい。

アレン　指導ですか。ああ、それは難しいですね。私は小学校と中学校しか出ていないので。それだけなんで。高等教育は受けていませんから、指導はできません。まあ、霊的には、力をお貸ししますけどね。

榊原　ぜひ、私たちと幸福の科学の大学をご指導ください。

アレン　わかりました。ただ、忘れていただきたくないのは、この世で偉かった人が、あの世で、神の世界でも偉いとは限らないということです。「自分は偉くない」と思って、

great and makes an effort, day by day, small efforts, day by day like an ant, becomes great in another world when he passes away.

So, please teach your students or followers to not think of themselves as great or big. Your starting point is very small and your work and efforts are very small. But you can accumulate these deeds, day by day. In the end, a tree will bear a lot of fruits in this world or in the other world. Only God knows the result.

But this is belief. This is faith. Don't examine your success or happiness through the result of this world only. OK?

毎日毎日、努力を重ねる人、蟻のように毎日毎日小さな努力を積み重ねる人こそ、この世を去ってから、あの世で偉くなるんです。

　ですから、どうか、おたくの学生さんたちや信者さんたちに、「自分は偉い」とか「大物だ」とか思ってはいけませんよと、教えてあげてください。あなたがたの出発点は非常に小さなもので、仕事も努力も非常に小さなものですが、それらを毎日毎日、積み重ねていくことはできます。ついには、この世かあの世で、多くの実がその木に生ることでしょう。結果は、「神のみぞ知る」です。

　しかし、それが信仰です。この世における結果だけをもって、自分の成功や幸福を量ってはいけないんです。よろしいでしょうか。

15 Walk When the Light is Shining

Sakakibara Yes. Thank you very much. I think there is a strong spiritual connection between your soul and Happy Science.

Allen I think so.

Sakakibara Could you also reveal your relationship with Lord El Cantare?

Allen Of course, of course, of course. Of course.

Ichikawa Could you disclose any part of the secret?

(Someone in Audience) Buddhist? Buddhist?

Sakakibara Were you also born as a Buddhist?

Allen Yes, one of the disciples of Buddha.

15 光あるうちに、歩みを進めよ

榊原　はい。ありがとうございます。あなたの魂と幸福の科学の間には、強い霊的なつながりがあると思います。

アレン　あると思いますよ。

榊原　主エル・カンターレとのご関係も明かしていただけませんでしょうか。

アレン　もちろん、もちろん。当然、当然です。

市川　何か秘密の一端なりとも明かしていただけませんか。

（会場から）　仏教徒、仏教徒は？

榊原　仏教徒としても生まれていらっしゃいましたか。

アレン　ええ、仏弟子の一人です。

117

15 Walk When the Light is Shining

Sakakibara Could you reveal the name?

Ichikawa Among the ten disciples?

Allen No, no, no. I'm a very small ant, so no one (in my past lives) is of a very famous name. I'm not a king level or queen level ant. Don't ask me about that. I'm a small disciple of Buddha. And a small disciple of Jesus Christ.

Ichikawa During this conversation, I felt like I was talking to Lev Tolstoy[*], if I'm not wrong.

Allen Ah, Lev Tolstoy.

Ichikawa He also said human beings are very small. You are interested in Lev Tolstoy. In the Bible it says something like, "Believe in the light while you have it,

---

[*] Happy Science has recorded Tolstoy's spiritual message. Ichikawa was one of the interviewers. Refer to *Tolstoy – Jinsei ni Okuru Kotoba* (literally, Tolstoy – Words for Life) [Tokyo: IRH Press, 2012].

118

榊原　お名前を明かしていただけますか。

市川　十大弟子の一人ですか。

アレン　いえいえ、違います。私は、ほんの小さな蟻ですから、そんなに名前の知れた人間は（過去世のなかには）いませんので。王様蟻や女王蟻のレベルでもないですし。そんなことは聞かないでください。一介の仏弟子であり、イエス・キリストの一介の弟子ですよ。

市川　この対話を通して、レフ・トルストイとお話ししているような感じを受けました（注）。私が間違っていなければ。

アレン　ああ、レフ・トルストイ。

市川　彼も、「人間は非常に小さな存在である」と言っていました。あなたはレフ・トルストイにご関心をお持ちです。聖書には、「光の子となるために、光あるうちに光を

　（注）幸福の科学はトルストイの霊言を収録しており、市川は質問者の一人だった。『トルストイ―人生に贈る言葉』（大川隆法著・幸福の科学出版刊）参照。

15 Walk When the Light is Shining

so that you will be the people of light." Do you have any relationship with Tolstoy?

Allen Yes, I agree.

Please walk when the light is shining,

When the sun is shining.

It means that, when your Lord is in this world,

You must walk and walk

And complete your work.

Now is the day of daylight of God.

Please teach and let them know

About the rebirth of the Savior

In the country of Japan.

He wants to save the people of the world.

Now is the daytime.

Now is under the daylight of God.

So, now is your time to work.

Sakakibara Thank you very much.

信じよ」というような言葉があります。あなたはトルストイと、何らかのご縁はおありでしょうか。

アレン　はい、私も同じ考えです。

　どうか、光あるうちに、太陽が輝いているうちに

　歩みを進めてください。

　それは、あなたがたの主がこの世におられるうちに

　ひたすら歩み続け

　仕事を完成させねばならないということです。

　今こそ日が高く、「神の光」が射しているときなのです。

　どうか、日本という国に

　救世主が再誕したことを

　人々に告げ知らせてください。

　主は、世界の人々を救わんとされています。

　今こそ、〝真昼時〟です。

　今こそ、神の光が真昼の如く射しているときです。

　ゆえに今こそ、あなたがたが行動するときなのです。

榊原　ありがとうございます。

16 Keep Purity of Mind and Selflessness As You Prosper and Progress

Ichikawa Thank you. Sorry, the next one is our last question. In terms of belief, what is El Cantare to you?

Allen El Cantare is the sunshine. He is the sunshine. The spiritual meaning of sunshine itself. So, He is not the Father of Jesus Christ. Father is a human. El Cantare is not a human. He is the spiritual sunshine of another world. It's the spring of spiritual power.

No one can define Him. You will be made to know about the secret of His miracle in the near future. He can do more and more great deeds in the near future, in 10 or 20 years.

At that time, don't be behind Him. Don't forget to awaken to the real meaning of His Truth. He is the Light of Heaven. Yes. Light itself.

16　繁栄・発展のなかで、
　　心の清らかさと無私を保て

市川　ありがとうございます。すみません。最後の質問です。信仰において、あなたにとってエル・カンターレとは何でしょうか。

アレン　エル・カンターレとは、日の光です。太陽の光なんです。霊的な意味における、太陽の光そのものです。ですから、主はイエス・キリストの父ではありません。「父」とは人間ですから。エル・カンターレは人間ではなく、あの世の霊的な太陽の光なんです。霊的な力の泉です。

　主を定義することのできる人は、いません。あなたがたは近いうちに、主の奇跡の秘密について知らされることになるでしょう。主は近い将来、もっともっと大きな御業をなすことがおできになるのです。10年、20年後です。

　そのとき、主に後れをとってはいけません。主の真理の真なる意味に目覚めることを、忘れてはいけません。主は天上の光です。そう、光そのものなのです。

123

Ichikawa & Sakakibara Thank you very much.

Ichikawa Thank you very much. Our time is up, so we have to finish our conversation. We really appreciate you coming here. And I hope you will kindly guide Happy Science University and Happy Science Group. We will prosper and also make the world happy.

Allen On the concept of prosperity, you want to teach people the concept of prosperity and progress. At that time, be careful. At the same time, please teach them the purity of mind and the importance of selflessness. It's very important.

To become great people is helpful in succeeding in this world, but this success sometimes makes them selfish or egoistic, so be careful about that.

Please purify your mind or *beautifly* your life through meditation. And sometimes be empty about

市川・榊原　ありがとうございました。

市川　ありがとうございます。お時間となりましたので、対話を終えなければなりません。こちらにお越しくださったことに、心より感謝申し上げます。何卒、幸福の科学の大学と幸福の科学グループをご指導くださるよう、お願いいたします。私たちは繁栄を成し遂げ、世界中を幸福にしてまいります。

アレン　「繁栄」の概念に関して言えば、あなたがたは、「繁栄・発展の思想」を人々に教えたいと思っておられますよね。その際に注意していただきたいのですが、同時に、「心の清らかさ」と「無私」の大切さも教えてください。ここが非常に大事です。

　偉大な人物となることは、この世で成功するためには役立ちます。しかし、その成功によって、自己中心的になったり利己主義的になったりすることがありますので、その点に関しては注意してください。

　どうか、瞑想を通して、心を浄化し、人生を美しからしめてください。そして、ときには、自分の人生のあらゆる

everything in your life. That's very important.

And please give some kind words to that person who "fell down to earth"(the interviewer who left the seat). He experienced a shock like Paul's. I pointed out his tendency, so he was shocked. But it will be helpful to him. Be kind to him. He is not a bad man. Please be kind to him.

Sakakibara Thank you very much for your kind words.

Allen Thank you very much.

Ichikawa Thank you very much.

ことについて、自らを空しくしてみてください。それが、とても大切なことです。

　それと、あの「地に倒れた」人（退席した質問者）には、優しい言葉をかけてあげてもらえますか。彼は、パウロのようなショックを経験したんですよ。自分の傾向性を指摘されてショックだったんでしょうけれど、彼のためにはなるでしょう。優しくしてあげてください。悪い人じゃありませんので。優しくしてあげるようにお願いします。

榊原　心優しいお言葉をありがとうございます。

アレン　ありがとうございました。

市川　ありがとうございました。

17 After the Spiritual Interview

Ryuho Okawa [*Claps once*] Thank you, James Allen. Thank you very much.

He is, of course, a religious person and he understood Buddhism and Christianity. It felt like he, himself, is a philosopher. In some meaning, he's a philosopher. He questioned your faith and the recognition about your religion. This was a hard test.

We recently had this kind of experience through Hannah Arendt[*]. They are severe now. They want to ask us whether we are qualified to join in this kind of session. So, we must be diligent in our daily work and studies. I think so.

Thank you very much today.

---

[*] Happy Science has recorded the spiritual message of political philosopher, Hannah Arendt. The interviewers received a tough oral examination from her. Refer to *On Happiness Revolution: A Spiritual Interview with Hannah Arendt* [Tokyo: HS Press, 2014].

１７　霊言を終えて

大川隆法　（一回、手を叩く）ありがとう、ジェームズ・アレン。ありがとうございました。

　この方は、もちろん宗教的な方で、仏教やキリスト教も理解していました。彼自身は、哲学者的な感じでした。ある意味で、哲学者ですね。あなたがたの信仰と、宗教に対する認識を問いかけてきました。〝厳しい試験〟でしたね。

　最近も、ハンナ・アーレントによって似たような経験をしたことがありましたが（注）、彼らは今、厳しくなってきています。私たちがこうしたセッションに参加する資格があるかを、問うているわけです。やはり、日々、勤勉に仕事や勉強に取り組まなければいけませんね。

　本日は、ありがとうございました。

　（注）幸福の科学は政治哲学者ハンナ・アーレントの霊言を収録しており、そのとき質問者たちはアーレントから厳しい〝口頭試問〟を受けた。『ハンナ・アーレント スピリチュアル講義「幸福の革命」について』（大川隆法著・幸福の科学出版刊）参照。

『ジェームズ・アレンの霊言　幸福と成功について』
大川隆法著作関連書籍

『信仰の法』（幸福の科学出版刊）
『成功の法』（同上）
『繁栄思考』（同上）
『現代の自助論を求めて
　──サミュエル・スマイルズの霊言──』（同上）
『トルストイ ─人生に贈る言葉』（同上）

ジェームズ・アレンの霊言　幸福と成功について

2017 年 12 月 4 日　初版第 1 刷

著　者　　　大　川　隆　法

発行所　　　幸福の科学出版株式会社

〒107-0052 東京都港区赤坂 2 丁目 10 番 14 号
TEL(03) 5573-7700
http://www.irhpress.co.jp/

印刷・製本　　株式会社 研文社

落丁・乱丁本はおとりかえいたします
©Ryuho Okawa 2017. Printed in Japan. 検印省略
ISBN 978-4-86395-964-4 C0030
Photo: gettyimages／Print Collector

大川隆法霊言シリーズ・幸福と成功のヒント

現代の自助論を求めて
サミュエル・スマイルズの霊言

自助努力の精神を失った国に発展はない！『自助論』の著者・スマイルズ自身が、成功論の本質や、「セルフ・ヘルプ」の現代的意義を語る。

1,500円

ヒルティの語る幸福論

人生の時間とは、神からの最大の賜りもの。「勤勉に生きること」「習慣の大切さ」を説き、実業家としても活躍した思想家ヒルティが語る「幸福論の真髄」。

1,500円

トルストイ
——人生に贈る言葉

トルストイに平和主義の真意を訊く。平和主義が、共産主義に取り込まれたロシア（旧ソ連）の悲劇から、日本の反原発運動の危険性が明らかに。

1,400円

幸福の科学出版

大川隆法 霊言シリーズ・幸福と成功のヒント

幸田露伴かく語りき
スピリチュアル時代の＜努力論＞

努力で破れない運命などない！ 電信技手から転身し、一世を風靡した明治の文豪が語る、どんな環境をもプラスに転じる「成功哲学」とは。

1,400円

人間にとって幸福とは何か
本多静六博士 スピリチュアル講義

「努力する過程こそ、本当は楽しい」。さまざまな逆境を乗り越え、億万長者になった本多静六博士が現代人に贈る、新たな努力論、成功論、幸福論。

1,500円

渡部昇一流・潜在意識成功法
「どうしたら英語ができるようになるのか」とともに

英語学の大家にして、希代の評論家・渡部昇一氏の守護霊が語った「人生成功」と「英語上達」のポイント。知的自己実現の真髄がここにある。

1,600円

※表示価格は本体価格（税別）です。

大川隆法 著作シリーズ・最新刊

自制心
「心のコントロール力」を高めるコツ

自制心を身につけると、ビジネスに、勉強に役立つ！ 逆境に強くなる！ 感情や欲望をマネジメントし、成果を生みだし続ける秘訣を大公開。

1,500円

女優・蒼井優の
守護霊メッセージ

ナチュラルで不思議な魅力を持つ演技派女優・蒼井優にスピリチュアル・インタビュー。自分らしさを大切にする生き方と、意外な本音が明らかに。

1,400円

ブルース・リーの霊言
ドラゴンの復活

英語霊言
日本語訳付き

世界的アクションスター、ここに復活！ ブルース・リーが語るカンフーの真髄や成功の秘訣、人種差別との闘い、そして現代中国や香港への想いとは。

1,400円

幸福の科学出版

大川隆法著作シリーズ・最新刊

嫁の心得
山内一豊の妻に学ぶ

さげまん妻にならないための6つのヒント

賢い女性は、夫も家族も自分も幸せにできる。結婚、子育て、嫁姑問題、価値観の違い――。学校や家庭では教わらない「良妻賢母」になる方法とは。

1,500円

渡部昇一 死後の生活を語る

霊になって半年の衝撃レポート

渡部昇一氏の霊が語るリアルな霊界の様子。地上と異なる「時間」「空間」、そして「価値観」――。あの世を信じたほうが、人は幸せになれる！

1,400円

マイティ・ソーとオーディンの
北欧神話を霊査する

「正義」と「英雄」の時代が再びやってくる――。巨人族との戦い、魔術と科学、宇宙間移動など、北欧神話の神々が語る「失われた古代文明」の真実。

1,400円

※表示価格は本体価格(税別)です。

大川隆法著 基本三部作・人生の目的と使命を知る

太陽の法
エル・カンターレへの道

創世記や愛の段階、悟りの構造、文明の流転を明快に説き、主エル・カンターレの真実の使命を示した、仏法真理の基本書。14言語に翻訳され、世界累計1000万部を超える大ベストセラー。

2,000円

黄金の法
エル・カンターレの歴史観

歴史上の偉人たちの活躍を鳥瞰しつつ、隠されていた人類の秘史を公開し、人類の未来をも予言した、空前絶後の人類史。

2,000円

永遠の法
エル・カンターレの世界観

すべての人が死後に旅立つ、あの世の世界。天国と地獄をはじめ、その様子を明確に解き明かした、霊界ガイドブックの決定版。

2,000円

幸福の科学出版

大川隆法「法シリーズ」・最新刊

信仰の法

地球神エル・カンターレとは

法シリーズ
第24作

さまざまな民族や宗教の違いを超えて、地球をひとつに――。文明の重大な岐路に立つ人類へ、「地球神」からのメッセージ。

大川隆法

The Laws of
Faith
EL CANTARE,
GOD OF THE EARTH

信仰の法
地球神エル・カンターレとは

人種、文化、政治、そして宗教――
さまざまな価値観の違いを超えて、
この地球は"ひとつ"になれる。

世界100ヵ国
以上(29言語)に
愛読者を持つ
著者渾身の一書!
著作2300書突破

2,000円

第1章	信じる力	── 人生と世界の新しい現実を創り出す
第2章	愛から始まる	──「人生の問題集」を解き、「人生学のプロ」になる
第3章	未来への扉	── 人生三万日を世界のために使って生きる
第4章	「日本発世界宗教」が地球を救う	── この星から紛争をなくすための国造りを
第5章	地球神への信仰とは何か	── 新しい地球創世記の時代を生きる
第6章	人類の選択	── 地球神の下に自由と民主主義を掲げよ

※表示価格は本体価格(税別)です。

幸福の科学グループのご案内

宗教、教育、政治、出版などの活動を通じて、地球的ユートピアの実現を目指しています。

幸福の科学

1986年に立宗。信仰の対象は、地球系霊団の最高大霊、主エル・カンターレ。世界100カ国以上の国々に信者を持ち、全人類救済という尊い使命のもと、信者は、「愛」と「悟り」と「ユートピア建設」の教えの実践、伝道に励んでいます。

（2017年11月現在）

愛　幸福の科学の「愛」とは、与える愛です。これは、仏教の慈悲や布施の精神と同じことです。信者は、仏法真理をお伝えすることを通して、多くの方に幸福な人生を送っていただくための活動に励んでいます。

悟り　「悟り」とは、自らが仏の子であることを知るということです。教学や精神統一によって心を磨き、智慧を得て悩みを解決すると共に、天使・菩薩の境地を目指し、より多くの人を救える力を身につけていきます。

ユートピア建設　私たち人間は、地上に理想世界を建設するという尊い使命を持って生まれてきています。社会の悪を押しとどめ、善を推し進めるために、信者はさまざまな活動に積極的に参加しています。

国内外の世界で貧困や災害、心の病で苦しんでいる人々に対しては、現地メンバーや支援団体と連携して、物心両面にわたり、あらゆる手段で手を差し伸べています。

年間約3万人の自殺者を減らすため、全国各地で街頭キャンペーンを展開しています。

公式サイト **www.withyou-hs.net**

ヘレン・ケラーを理想として活動する、ハンディキャップを持つ方とボランティアの会です。視聴覚障害者、肢体不自由な方々に仏法真理を学んでいただくための、さまざまなサポートをしています。

公式サイト **www.helen-hs.net**

入会のご案内

幸福の科学では、大川隆法総裁が説く仏法真理をもとに、「どうすれば幸福になれるのか、また、他の人を幸福にできるのか」を学び、実践しています。

仏法真理を学んでみたい方へ

大川隆法総裁の教えを信じ、学ぼうとする方なら、どなたでも入会できます。入会された方には、『入会版「正心法語」』が授与されます。

信仰をさらに深めたい方へ

仏弟子としてさらに信仰を深めたい方は、仏・法・僧の三宝への帰依を誓う「三帰誓願式」を受けることができます。三帰誓願者には、『仏説・正心法語』『祈願文①』『祈願文②』『エル・カンターレへの祈り』が授与されます。

幸福の科学 サービスセンター
TEL 03-5793-1727
受付時間／火〜金:10〜20時 土・日祝:10〜18時

幸福の科学 公式サイト
happy-science.jp

幸福の科学グループの教育・人材養成事業

教育 HSU ハッピー・サイエンス・ユニバーシティ
Happy Science University

ハッピー・サイエンス・ユニバーシティとは

ハッピー・サイエンス・ユニバーシティ（HSU）は、大川隆法総裁が設立された「現代の松下村塾」であり、「日本発の本格私学」です。
建学の精神として「幸福の探究と新文明の創造」を掲げ、
チャレンジ精神にあふれ、新時代を切り拓く人材の輩出を目指します。

学部のご案内

人間幸福学部
人間学を学び、新時代を切り拓くリーダーとなる

経営成功学部
企業や国家の繁栄を実現する、起業家精神あふれる人材となる

未来産業学部
新文明の源流を創造するチャレンジャーとなる

HSU長生キャンパス
〒299-4325
千葉県長生郡長生村一松丙 4427-1
TEL 0475-32-7770

未来創造学部
時代を変え、未来を創る主役となる

政治家やジャーナリスト、ライター、俳優・タレントなどのスター、映画監督・脚本家などのクリエーター人材を育てます。4年制と短期特進課程があります。

・4年制
1年次は長生キャンパスで授業を行い、2年次以降は東京キャンパスで授業を行います。

・短期特進課程（2年制）
1年次・2年次ともに東京キャンパスで授業を行います。

HSU未来創造・東京キャンパス
〒136-0076
東京都江東区南砂2-6-5
TEL 03-3699-7707

幸福の科学グループの教育・人材養成事業

学校法人 幸福の科学学園

学校法人 幸福の科学学園は、幸福の科学の教育理念のもとにつくられた教育機関です。人間にとって最も大切な宗教教育の導入を通じて精神性を高めながら、ユートピア建設に貢献する人材輩出を目指しています。

幸福の科学学園

中学校・高等学校（那須本校）
2010年4月開校・栃木県那須郡（男女共学・全寮制）
TEL 0287-75-7777
公式サイト happy-science.ac.jp

関西中学校・高等学校（関西校）
2013年4月開校・滋賀県大津市（男女共学・寮及び通学）
TEL 077-573-7774
公式サイト kansai.happy-science.ac.jp

仏法真理塾「サクセスNo.1」 TEL 03-5750-0747（東京本校）
小・中・高校生が、信仰教育を基礎にしながら、「勉強も『心の修行』」と考えて学んでいます。

不登校児支援スクール「ネバー・マインド」 TEL 03-5750-1741
心の面からのアプローチを重視して、不登校の子供たちを支援しています。
また、障害児支援の「**ユー・アー・エンゼル！**」運動も行っています。

エンゼルプランV TEL 03-5750-0757
幼少時からの心の教育を大切にして、信仰をベースにした幼児教育を行っています。

シニア・プラン21 TEL 03-6384-0778
希望に満ちた生涯現役人生のために、年齢を問わず、多くの方が学んでいます。

NPO活動支援

学校からのいじめ追放を目指し、さまざまな社会提言をしています。また、各地でのシンポジウムや学校への啓発ポスター掲示等に取り組む一般財団法人「いじめから子供を守ろうネットワーク」を支援しています。

公式サイト mamoro.org
ブログ blog.mamoro.org
相談窓口 TEL.03-5719-2170

幸福の科学グループ事業

幸福実現党 釈量子サイト
shaku-ryoko.net

Twitter
釈量子@shakuryoko
で検索

党の機関紙
「幸福実現NEWS」

政治

幸福実現党

内憂外患(ないゆうがいかん)の国難に立ち向かうべく、2009年5月に幸福実現党を立党しました。創立者である大川隆法党総裁の精神的指導のもと、宗教だけでは解決できない問題に取り組み、幸福を具体化するための力になっています。

 ## 幸福実現党 党員募集中

あなたも幸福を実現する政治に参画しませんか。

○ 幸福実現党の理念と綱領、政策に賛同する18歳以上の方なら、どなたでも参加いただけます。
○ 党費:正党員（年額5千円[学生 年額2千円]）、特別党員（年額10万円以上）、家族党員（年額2千円）

○ 党員資格は党費を入金された日から1年間です。
○ 正党員、特別党員の皆様には機関紙「幸福実現NEWS(党員版)」が送付されます。

＊申込書は、下記、幸福実現党公式サイトでダウンロードできます。
住所:〒107-0052　東京都港区赤坂2-10-8 6階 幸福実現党本部

TEL **03-6441-0754**　FAX **03-6441-0764**
公式サイト **hr-party.jp**　若者向け政治サイト **truthyouth.jp**

幸福の科学グループ事業

幸福の科学出版

出版メディア事業

大川隆法総裁の仏法真理の書を中心に、ビジネス、自己啓発、小説など、さまざまなジャンルの書籍・雑誌を出版しています。他にも、映画事業、文学・学術発展のための振興事業、テレビ・ラジオ番組の提供など、幸福の科学文化を広げる事業を行っています。

アー・ユー・ハッピー？
are-you-happy.com

ザ・リバティ
the-liberty.com

ザ・ファクト
マスコミが報道しない「事実」を世界に伝えるネット・オピニオン番組

Youtubeにて随時好評配信中！

ザ・ファクト　検索

幸福の科学出版
TEL 03-5573-7700
公式サイト irhpress.co.jp

ニュースター・プロダクション

芸能文化事業

「新時代の"美しさ"」を創造する芸能プロダクションです。2016年3月に映画「天使に"アイム・ファイン"」を、2017年5月には映画「君のまなざし」を公開しています。

公式サイト newstarpro.co.jp

ARI Production

タレント一人ひとりの個性や魅力を引き出し、「新時代を創造するエンターテインメント」をコンセプトに、世の中に精神的価値のある作品を提供していく芸能プロダクションです。

公式サイト aripro.co.jp

大川隆法　講演会のご案内

　　大川隆法総裁の講演会が全国各地で開催されています。
　講演のなかでは、毎回、「世界教師」としての立場から、幸福な人生を生きるための心のえをはじめ、世界各地で起きている宗教対立、紛争、国際政治や経済といった時事問題する指針など、日本と世界がさらなる繁栄の未来を実現するための道筋が示されていま

8月2日 東京ドーム「人類の選

5月14日 ロームシアター京都
「永遠なるものを求めて」

4月23日 高知県立県民体育館「人生を深く生

2月11日 大分別府ビーコンプラザ・コンベンションホール
「信じる力」

1月9日 パシフィコ横浜「未来への

講演会には、どなたでもご参加いただけます。
最新の講演会の開催情報はこちらへ。　⇒

大川隆法総裁公式サイト
https://ryuho-okawa.org